何晓红 主编
刘 芬 王正宇 马国瑾 副主编

社会工作案例精选

本教材承湖北文理学院协同育人专项经费资助

知识产权出版社
全国百佳图书出版单位
—北京—

图书在版编目（CIP）数据

社会工作案例精选/何晓红主编. —北京：知识产权出版社，2020.5 （2024.8重印）

ISBN 978-7-5130-2751-9

Ⅰ.①社… Ⅱ.①何… Ⅲ.①社会工作—案例—中国 Ⅳ.①D669

中国版本图书馆 CIP 数据核字（2020）第 002792 号

责任编辑：刘 睿 刘 江　　　　　责任校对：潘凤越
封面设计：博华创意　　　　　　　责任印制：刘译文

社会工作案例精选
何晓红　主编
刘　芬　王正宇　马国瑾　副主编

出版发行：知识产权出版社有限责任公司	网　　址：http://www.ipph.cn
社　　址：北京市海淀区气象路 50 号院	邮　　编：100081
责编电话：010-82000860 转 8344	责编邮箱：liujiang@cnipr.com
发行电话：010-82000860 转 8101/8102	发行传真：010-82000893/82005070/82000270
印　　刷：北京九州迅驰传媒文化有限公司	经　　销：各大网上书店、新华书店及相关专业书店
开　　本：880mm×1230mm 1/32	印　　张：8.75
版　　次：2020 年 5 月第 1 版	印　　次：2024 年 8 月第 3 次印刷
字　　数：202 千字	定　　价：48.00 元
ISBN 978-7-5130-2751-9	

出版权专有　侵权必究
如有印装质量问题，本社负责调换。

养质量、提升办学水平的契机,借助湖北文理学院积极开展社会工作硕士研究生教育的东风,我们有必要进一步梳理社会工作专业的发展印记,创新课堂教学模式、创新知识获取方式、创新学习形式,形成有趣有智有情的课堂,实现优势资源共享,明确今后努力方向。期望通过我们这个集体的艰辛努力,让专业发展迈向更加辉煌的明天。

前　言

本书是湖北文理学院社会工作专业师生十年来校地践教学中专业建设成果积累的结晶。

湖北文理学院自 2007 年开始设置社会工作本科教育工作研究和教学工作起步较早，在社区社会工作、青少工作、司法社会工作等方面的积累和成果颇丰，已经成定位准确、优势明显、特色鲜明的校属优势特色建设2018 年成功获批国家社会工作专业硕士点建设。

社会工作是集教育、研究和实务于一体的应用性学北文理学院社会工作专业一直在结合教育教学实践探索育的规律和方法，通过加大实践教学的力度，增强实习地的建设，增加学生的实践时间以及广泛开设个案工作、工作和社区工作等实践课程等措施，根据学生掌握知识的遵循从理论到实践、从基础性知识到拔高性实践、从知识能的原则，旨在培养大批的能在第一线服务的社会工作对社会转型时期出现的问题。这就要求学生全员参与实践方位参与实践、全过程参与实践，不仅要掌握社会工作理识和技巧方法，更要深入现实社会，了解特殊人群的生活和现实需求，深刻理解社会工作的价值操守和职业伦理，达到培养青年社会责任感和使命感的育人宗旨。本书所编皆是湖北文理学院教师创办社会工作机构及社会工作专业实践教学过程中的实务案例，经由专业老师指导完成。

利用学校大力加强内涵建设、深化教学改革、提高人

目　　录

个案工作案例 ……………………………………………… 1
1. 母爱护航　链家在线
　　——多重弱势家庭个案服务案例 ………………………… 3
2. 关爱困境儿童，助力七彩童年
　　——困境未成年人帮扶个案服务案例 …………………… 21
3. 走出阴霾　放飞希望
　　——引导自卑青年走出家庭，融入社会个案服务
　　　案例 …………………………………………………… 30
4. 风雨之后见彩虹
　　——引导一位受挫折的女士正确面对生活磨难 ………… 36
5. 转身沐浴阳光
　　——偏差行为少女回归校园 ……………………………… 42
6. 协助服务对象走出自我封闭的困境
　　——社会支持理论视角下的个案介入 …………………… 51
7. 打开枷锁　放飞心灵 ……………………………………… 66

小组工作案例 ……………………………………………… 77
8. "携手同行　不再孤单"事实孤儿照顾者支持小组 …… 79
9. 我生待明日，万事成蹉跎
　　——大学生行动力提升小组 ……………………………… 100
10. "我的生活我做主"流动儿童生活成长小组 ………… 113
11. "安全伴我行"安全知识教育小组 …………………… 134
12. "共创友爱之家"公寓长者参与能力提升小组 ……… 148

13. "与爱同行"失能老人 OT 康复支持小组 …………… 174
14. "幸福生活、自立自强"农村留守妇女互助小组 …… 191
15. "生龙活虎"社区青少年成长小组 ………………… 217

社区工作案例 …………………………………………… 229

16. "三家互动"共促社区管理 ……………………… 231
17. 一"网"情深 互连服务居民 ………………… 237
18. 情暖夕阳 爱满空巢
    ——关爱空巢老人社区服务活动 ………………… 242
19. "亲子同乐，缤纷六一"社区亲子服务活动 ……… 250
20. "青春护航、助力成长"社区青少年活动 ………… 258

主要参考文献 …………………………………………… 269

个案工作案例

1. 母爱护航　链家在线
——多重弱势家庭个案服务案例

一、个案背景资料

服务对象 Z 奶奶，70 岁，湖北襄阳人、小学文化、年轻时即下岗赋闲在家，身体状况一般，肠胃、食道经常不适，视力较差。

1. 家庭成员

表 1-1　服务对象家庭成员

	姓名	关系	年龄	职业	备注
家庭主要成员	Y 爷爷	夫妻	80 岁	退休	中风偏瘫 15 年，患脑梗、糖尿病伴并发症、右眼下垂，经常小手术
	Y 某	母子	45 岁	无业	酗酒多年，因酗酒导致失业和离婚，给自身和家庭造成极大困扰，但自己无法控制酒瘾发作，偶尔醉酒后有暴力行为
	小 Y	祖孙	12 岁	学生	父母离异，在隔代教育下长大，懂事乖巧，近期有些叛逆

2. 居住条件

服务对象所居住的地方为城乡接合部，房屋面积约 50 平方米，祖孙三代居住在二室一厅，逼仄狭小，常年见不到阳光。家里堆满了废旧物品，家具简陋，居住条件较差。

3. 家庭背景

服务对象文化程度不高，所以年轻时一直是自由职业

3

者,时间最长的工作为帮助小儿子 Y 某开面馆,但后因 Y 某懒散,怠于经营而面馆倒闭。此后老伴身体状况不断恶化,只能在家做家庭主妇。

服务对象老伴中风已经偏瘫十多年,患高血压、糖尿病并伴有其他并发症,行动不便,生活不能自理,身体素质较差,住院频繁,近期因脑梗再次住院。

服务对象有两个儿子。大儿子为老师,在外地成家。小儿子 Y 某主要职业为厨师,但因酗酒多次被酒店开除,现在的工作是服务对象到处打听和求情找到的,Y 某近期又因酗酒闹事被酒店辞退暂回家居住,因家中房屋逼仄狭小,回家后只能在客厅唯一的折叠式沙发上睡觉。

Y 某酒瘾严重,自述如果不喝酒就感觉头疼、难受,无钱买酒时,就去办红白喜事的餐会或其他餐馆附近溜达,捡别人的剩酒,喝至不省人事,醉后要么在地上睡至酒醒,要么在马路边被好心人送至医院,偶尔自己迷糊间一路跌跌撞撞回来,有时喝醉后有破坏和暴力行为。

服务对象孙女小 Y 现小学毕业,学习成绩较好,但因经济状况受限,家庭无法给予更好的生活、学习条件。小 Y 最近处于叛逆期,同服务对象沟通出现障碍。

4. 经济状况

服务对象家中无任何劳动力,服务对象自己年事已高无法工作,且需要在家照顾中风的老伴和年幼的孙女。老伴退休多年并患重病。小儿子 Y 某无稳定工作和收入,且经常因酗酒不省人事后被送往医院醒酒,需要向医院缴纳费用。各种开支主要靠服务对象购买的"五七工"保险和丈夫每月 2000 元的退休工资生活,居委会了解其家庭情况后,帮助其申请低保，但对于丈夫需要经常到医院检查治疗、孙女需要上学、家庭生活需要支出的情况来说，无疑是杯水车薪，家庭经济十分困难，属于典型的特困老人。

5. 情绪及心理状况

服务对象一人需操心"一家人"，照顾生病的老伴，操心嗜酒闹事的小儿子，安排孙女的生活学习、饮食起居，现在最大的困扰是小儿子酗酒问题。所以，精神压力较大，陷入沉重的心理负担及情绪困扰之中，迫切希望"救救"儿子。

6. 人际关系状况

服务对象性格较为要强，比较自我、固执，不喜欢听取他人意见及建议，加之为儿子酗酒的事心烦，同社区内老人大多保持距离，人际支持较少。

7. 支持网络

（1）家庭支持网络。服务对象的家庭支持网络主要为丈夫和大儿子。丈夫生活不能自理，大儿子在外地成家，生活也并不富裕，只能偶尔接济。其他亲戚朋友大多经济条件均不理想，丈夫的亲戚亦来往不多，并不能兼顾他们的生活。

（2）社会支持网络。服务对象所属社区居委会、襄阳市致远社会工作服务中心的工作人员是服务对象主要的支持网络，其他人际关系系统比较薄弱。

二、主要问题分析与预估

（一）理论基础

（1）社会支持网络理论。社会支持网络理论认为处在社会中的人都需要正式的和非正式的社会支持，正式的社会支持指的是由政府等正规组织提供的支持，非正式的社会支持指的是由家人、邻居、朋友、同事等提供的社会支持。特困老人由于生活环境封闭，非正式的社会支持网络不足，在正式的社会支持网络方面，单一的政府供养资源不能满足老人多样化、个性化的需求，因此，需要其他正式社会组织提供更多的社会支持，更多地满足老人的需求。

（2）家庭塑造法。家庭塑造是萨提亚模式常用的一种重要的家庭治疗技术，类似于雕塑艺术，即利用空间、姿态、距离和造型等非言语方式生动形象地再现家庭成员之间的互动关系和权力斗争情况。家庭塑造作为一种行为技术，有助于社会工作者通过对家庭成员塑造的位置，了解服务对象在家庭中的地位以及对家庭关系的看法，同时，制定相应的介入措施。

（3）任务分层法。借助分层法理论，社会工作者将服务对象的性质相同的问题，进行分层归纳，并逐步解决问题，完成任务。

（二）主要问题分析

1. 心理方面

（1）精神压力大，迫切希望解决小儿子 Y 某酗酒的问题。据服务对象陈述，小儿子经常酗酒不归，无节制地喝酒不仅导致儿子丢掉工作，给家庭造成经济负担，也使邻居以异样眼光看待家人，更让 Y 某过度消耗和透支自己的身体。

服务对象因为小儿子酗酒的事每日"提心吊胆"，认为

Y某酗酒如同"不定时炸弹",经常需要半夜出去找喝醉的小儿子,为此"担惊受怕"。

（2）因为孙女小Y的学业问题、与小Y的沟通问题、监护问题而焦虑情绪严重。服务对象说,孙女是自己的精神支柱,寄托了一家人走出困境的希望。随着孙女的长大,服务对象越来越感到力不从心,学习方面无力辅导、隔代交流不能达到理想效果,使自己处于焦躁的状态,晚上无法安睡。

（3）情绪得不到宣泄。服务对象因生活压力大,家庭事务烦琐,精神长期处于紧绷的状态,所以时常抱怨生活,觉得委屈和辛苦无处诉说、无人支持。

2. 社会交往方面

（1）缺乏有效的朋辈群体的交往。服务对象性格较为倔强,平时自我固执,不喜欢听取他人意见及建议,加之为儿子酗酒的事心烦,感觉儿子患酒瘾让自己抬不起头来,同社区内老人大多保持距离,人际支持较少。

（2）缺乏社会支持。服务对象家庭属于社会弱势群体家庭,因其本身的家庭情况较为特殊,故少有外援介入,无人际支持。

3. 经济方面

因老伴高额的医药费、孙女的生活学习费用以及儿子酗酒的费用使服务对象一家面临沉重的经济负担,家庭陷入无助、无奈等负面情绪中,但服务对象从未放弃过"拯救"小儿子。

4. 其他方面

（1）信息闭塞,缺少获得信息的渠道。服务对象想要帮助Y某戒酒,但不知道正规治疗方法,经常到处打听"偏方"治疗，不仅无效，有些方法还伤身，缺少科学正规的治疗方法。

（2）服务对象小儿子 Y 某对戒酒的问题不配合、不重视。Y 某认为自己身体状况良好，男人喝酒是常事，对于母亲的焦虑认为"没有必要"，不愿意接受医检和治疗，导致服务对象感觉一人在独自"战斗"。

（三）需求评估

（1）服务对象有帮助儿子 Y 某戒酒的需求。这是目前最迫切的需要，也是解决服务对象家庭困难的根本需求，只有当儿子 Y 某远离酗酒，家庭的经济问题、儿子自身的家庭问题、服务对象的赡养问题以及孙代教育问题才能从根本上得到解决。

（2）服务对象有情绪宣泄与疏导的需求。服务对象的精神压力和经济生活压力过大，在一人扛起整个家庭压力的情况下，经常产生不合理的认知，如"邻居在看我家的笑话""别人在以异样眼光看待我"等想法，因此产生隔绝、抑郁孤独心理，经常抱怨、郁郁寡欢、不同邻里交流、无休闲生活、有偏执的意见等表现。需要社会工作者介入对服务对象进行情绪宣泄与疏导，缓解服务对象焦虑的情绪，帮助其矫正不合理的认知，保持精神情绪的健康。

（3）服务对象有需要社会工作者帮助辅导孙女小 Y 学业，以及提供隔代沟通技巧、监护指导的需求。服务对象个人比较重视孙女的学习，认为孙女现在是全家人的希望，只有学习好才能改变现在的家庭情况。

（4）服务对象有建立社会支持的需求。

（5）服务对象有经济改善的需求。

三、制订服务计划

（一）服务目标

1. 短期目标

社会工作者制定的服务介入短期目标如图1-1所示。

图1-1 个案服务介入短期目标

2. 长期目标

社会工作者制定的服务介入长期目标如图1-2所示。

图1-2 个案服务介入长期目标

（二）服务策略

（1）通过向服务对象提供有用信息和有益建议、链接相关资源介入，协助服务对象儿子Y某戒酒。

（2）整合资源，如社区、邻里等，增强服务对象的社会支持系统，缓解服务对象精神上的压力。

（3）通过对服务对象进行情绪疏导、表达支持和同理等，缓解服务对象的负面情绪，向其提供情感上的支持。

（4）使服务对象孙女小Y掌握一定的学习和日常生活技巧，并尽量链接大学生志愿者为其辅导作业。

（5）通过观察，发现服务对象同其孙女沟通的障碍，并帮助建立良性沟通模式、为服务对象提供一定的监护技巧。

（6）根据服务对象家庭情况，向有关部门积极寻找有效资源或上网收集相关资料和信息，帮助撰写家庭评估报告，争取经济援助。

四、服务计划实施过程

（一）第一阶段

1. 目标

接案与建立关系。

2. 内容

社会工作者通过直接与间接收集资料的方法，一方面，通过与服务对象进行面谈，了解服务对象的有关情况；另一方面，通过服务对象家人、社区居委会及社区居民了解服务对象的有关情况，收集服务对象详细家庭资料。

在此过程中社会工作者运用倾听、接纳、关怀、同理等技巧取得服务对象及其家人的信任，对服务对象的需求进行初步评估，与服务对象建立良好的专业关系，并向其提供情感上的支持。

(二) 第二阶段

1. 目标

对服务对象的问题进行分析和预估，并制订计划。

2. 内容

社会工作者通过与服务对象一起对存在的问题的轻重缓急及服务目标进行协商，最后一致认为目前最需要解决的问题是Y某酗酒问题给家庭带来的负担。于是社会工作者与服务对象一起探讨解决问题的方法与途径，引导服务对象发现本身拥有的资源以及可以动用的其他社会资源。在这一过程中，社会工作者与服务对象一起制订如下应对策略。

（1）社会工作者会协助跟进服务对象儿子戒酒事宜，及时提供相关信息，并尽量链接相关资源介入，尽量寻求戒酒隔离中心的帮助。

（2）对于服务对象儿子戒酒问题，需要双管齐下：一方面生理检查，科学治疗；另一方面心理辅导，家人给予支持和鼓励，使其坚定决心戒酒。

（3）建议：第一，请服务对象大儿子回来协助服务对象对小儿子进行医检；第二，可试用传统的"厌恶疗法"，具体方法为将服务对象小儿子常喝的酒中加入对身体无害的东西，如泡制蛇胆酒，使服务对象小儿子喝酒时联想到蛇，产生厌恶，从而戒酒。（已咨询过医师）

(三) 第三阶段

1. 目标

个案介入，帮助服务对象解决实际困难。

2. 内容

任务一：帮助服务对象为小儿子 Y 某戒酒

（1）西医医疗检查，确诊 Y 某有无酗酒原因、身体器官组织有无病变、目前身体状况。检查后结果为身体无病变导致酗酒，但现在小脑严重萎缩，可能导致痴呆。

（2）提供即时性信息，告知科学戒酒方法（如厌恶疗法）。

（3）链接襄阳公益节目"帮女郎"的帮助，对服务对象小儿子 Y 某进行心理诊断和中医治疗。

（4）提醒其家人多鼓励支持，经常同 Y 某聊天，用口香糖缓解焦躁情绪，转移其注意力，用亲人的力量达到心理层面的自我控制。

（5）建议服务对象为 Y 某寻找度数较低的葡萄酒代替。

（6）寻求专业戒酒康复医疗中心及其他相关部门的帮助，但由于经济情况受限以及其他因素未能成功。

任务二：情绪辅导

（1）通过家访面谈，社会工作者同服务对象建立良好的关系。

（2）了解服务对象的想法及态度，给予服务对象情感支持，建立正面态度。

（3）给予服务对象鼓励和支持，倾听服务对象倾诉和表达内心苦恼，及时疏导服务对象负面情绪。

（4）推荐服务对象参加"长者互助支持小组"。

任务三：服务对象祖孙关系协调与交流沟通，以及作业辅导、监护指导

（1）社会工作者帮助服务对象孙女小Y掌握学习技巧，并链接湖北文理学院大学生志愿者进行作业辅导。

（2）同服务对象孙女小Y沟通，了解其内心世界，根据其状态进行疏导，并协助其了解奶奶的为难和不易，增进理解和支持。

（3）推荐小Y参加社会工作者所在机构的"英语学习兴趣小组"。

（4）观察服务对象同小Y的沟通模式，告知服务对象沟通小技巧，让服务对象了解到孙女的真实想法及年龄特征、心理特征，双方约定沟通方式与时间。

（5）告知服务对象实用的监护技巧，如给予孙女独立空间、尊重意见等，并约定每晚睡前作为祖孙沟通专用时间。

任务四：其他

（1）争取到湖北省武汉市某爱心人士的资助，为服务对象孙女小Y捐款500元作为学习费用，暂缓家庭经济困难。

（2）提供信息，推荐服务对象参加社区的"健康知识讲座"。

（四）第四阶段

1. 目标

本阶段的目标为结案。

2. 内容

个案服务目标已达成，个案结束时，社会工作者与服务对象一起对整个辅导过程进行回顾并总结，服务对象表示社会工作者链接了相关资源帮助小儿子Y某戒酒，提供了有用的信息、情感上的支持以及经济上的援助，还有很多适用的建议，现在自己能够更加积极地面对困难和争取资源。

面对服务对象的不舍，社会工作者合理处理离别情绪，鼓励服务对象勇敢积极地面对生活，将在服务过程中掌握的知识、技巧和资源运用到生活中，并约定探访时间。

五、总结评估

（一）目标实现情况

（1）社会工作者通过向服务对象提供有用信息，整合社会资源，帮助服务对象小儿子Y某心理及生理治疗，使其暂时克制住了喝酒的欲望，已有3个月未喝酒，并积极配合治疗和戒酒。

（2）情绪辅导与情感支持方面，社会工作者通过尊重、倾听、澄清、同理心、积极关注、支持性技巧、表达关怀，帮助服务对象获得心理支持与鼓励，由最初的自怨自艾、抱怨、焦躁到现在能够正视目前的困难，并找到生活的信心。通过情绪辅导，还使服务对象能够同邻里进行生活交往，获得了社会支持网络。

（3）在帮助服务对象辅导其孙女学业、提供隔代沟通技巧、监护指导技巧等方面，链接了大学生志愿者帮助服务对象孙女长期作业辅导。通过提供沟通技巧、监护指导等方法，帮助服务对象同其孙女正常沟通交流，焦虑情绪得到缓解。现在服务对象已同其孙女约定了每晚睡前半小时作为交流时间，其孙女体谅到奶奶的辛苦不易，服务对象也会根据其孙女的年龄特征等选择恰当的交流方式，做到民主与尊重，并在此过程中已掌握一定的监护技巧。

(4) 积极为服务对象联系所需资源，争取爱心人士资助500元，解决现实性困难，缓解了服务对象的经济压力，服务对象除感到高兴外，更重要的是使其看到了社会对弱势群体的关怀，从而使其更积极地面对自己的困难。

(5) 其他方面，社会工作者在个案跟进过程中还教会服务对象、Y某、小Y制作手工丝网花，丰富了生活乐趣。

(二) 服务对象评估

1. 问卷评估

服务对象所填的结案评估问卷中，对本次社会工作者的服务选择的是"非常满意"，目标达致情况填写5分（0~5分）；"社会工作者能否协助面对及解决你的困难"栏填写5分（0~5分）；在解决自身问题的积极性上服务对象自评分为4分（0~5分）。

2. 面谈了解

个案服务过程中，每当社会工作者因无法向服务对象提供更多其所需的资源而表示歉意时，服务对象总会向社会工作者表达理解，认为社会工作者已经帮助很多，而且情况已有很大的改观，现在自己的心态和状态已经截然不同。

结合社会工作者与服务对象的面谈情况分析得出此次个

案目标完成得较好,服务对象亦明显感受到自己的变化。

(三) 社会工作者自评

虽然在个案中,社会工作者未能帮助服务对象链接到专业的戒酒隔离中心,不能保证服务对象儿子今后是否能真正做到戒酒,但是总体来说该个案基本上达到了预定目标,如有效控制住了服务对象小儿子Y某酗酒的状况;增强了服务对象的社会支持系统;缓解了服务对象的精神压力和经济压力;帮助服务对象建立了祖孙沟通模式、提供了一定的监护技巧;给予了服务对象情感支持等。

辅导过程中,社会工作者在社会工作督导的指导下根据服务对象情况的变化及时地调整服务目标及服务策略,在帮助服务对象解决困难的同时,减轻服务对象的精神压力、缓解其焦虑情绪,给予情感支持,帮助服务对象做到"助人自助"。这一过程也是社会工作者自身不断成长的过程,在不断克服自己内心障碍的同时,也从服务对象的经历中感悟到"助人自助"与"坚强"的真正意义,这对于社会工作者而言无疑是一笔宝贵的人生财富。

六、专业反思

社会工作者在向社会工作督导申请将服务对象批准为个案服务时,有很多社会工作者都疑惑一个问题——这种情况下,社会工作者能够做什么?的确,社会工作者并不能直接给服务对象以物质上的支持,但不能给予这些是否就代表社会工作者束手无策呢?

目前，很多人都认为社会工作者只可以做心理层面的工作，一旦碰到现实问题，社会工作者的力量就会显得单薄甚至可有可无。这些都是因为对社会工作者角色理解不深刻所造成的。当人出现失衡的时候便容易产生各种各样的问题，解决这些问题有两个途径：调整自身对事物的看法或改变造成问题的环境。科学定位理解"人在情境中"。结合本案例服务对象目前所面临的最大问题和服务对象最迫切的需要，社会工作者在其中除了调整其对事件的看法外，更应为其创造改变目前生活状况的条件。

个案中，社会工作者曾遇到困惑：万一没能链接到资源，寻求到帮助，力量太微薄，没有办法帮助服务对象解决困境，该怎么办？继续为服务对象寻找别的资源，还是以失败告终？就这些问题，社会工作者和社会工作督导谈过，也深受启发。社会工作是一门专业，社会工作者做的只是专业范围内的事情，不能在个人主观情感上"强求"。

完成个案后，社会工作者发现，原来社会工作者的价值在于使别人活得更好，那是一种说不出的成就感，服务对象对社会工作者每一个真诚的微笑都是最好的回报。

（一）专业技巧反思

1. 社会工作者在服务过程中需要充分链接资源

社会工作者的介入，除了要充分扮演好支持者、倾听者、引导者的角色，给予服务对象及其家人以情感支持，引导服务对象理性面对问题外，更重要的是充当好资源联络者的角色，因为社会工作者毕竟能力有限。因此，只有帮助服务对象提高自己寻找资源、解决问题的能力，增强服务对象所处的社会支持系统，服务对象的问题才能得到最大限度的解决，服务对象失调的社会功能才会得以恢复。在该个案中，社会工作者充分调动资源，除了帮助解决服务对象儿子Y某酗酒的问题，还链接大学生志愿者帮助服务对象孙女小Y辅导作业，寻求爱心人士的资助。但是，社会工作者还可以充分调动社区邻里互相关怀的资源，给予服务对象及其家人更大的帮助，使服务对象的支持系统更加庞大，从而加速服务对象问题的解决。

2. 情感支持在个案开展过程中具有极大作用

社会工作者在个案面谈中，哪怕每次家访只是同服务对象交谈几十分钟，这也给服务对象极大的心理支持，让服务对象深深地感受到社会工作者是同她在一起的。在一路的引导过程中，社会工作者也感受到社会工作的专业价值和现实意义，正是因为有无数的"弱势群体"或者说暂时陷入困境的人，才需要社会工作，需要社会工作者给予他们支持，让他们感受到自己不是一个人在独自"战斗"，帮助他们增强社会功能，引导他们"自助"，迅速从负面情绪中走出来，重新建立新的生活。

3. 社会工作者的情绪状态影响个案的跟进

在个案介入中，因服务对象情况的特殊性，社会工作者在处理个案时也承受着巨大的精神压力。接案时，社会工作者了解到服务对象最大的需要是帮助其儿子戒酒时，内心充满焦虑，害怕自己的力量太过单薄，无法帮助服务对象解决困难；在服务对象儿子酒后怒砸东西时充满了恐惧，甚至也曾协助服务对象报过警，借助警察的力量使其儿子暂时镇定下来，当时内心充满了事后的惊险和后怕；当看到服务对象因为儿子医院检查结果痛哭时，社会工作者内心久久不能平静，也因此陷入强烈的无助与挫败感中；当社会工作者将服务对象的家庭情况提交给"帮女郎"节目组记者，迟迟没有得到回应时，社会工作者不知所措，挣扎了许久。

一次次的情绪困扰，延缓了社会工作者前进的步伐，但在社会工作督导的支持下，社会工作者又一次次不断地克服障碍，勇敢地踏出每一步。当走完这一个看似艰难的过程时，社会工作者发现所有的畏惧原来都来源于自己内心的想象，觉得自己的无能为力感，是没有尽心钻研和掌握合适的介入策略，现实情况未必如想象般那样糟糕。在此过程中，社会工作者也深深地感受到，只有社会工作者自己变得坚强、强大，才能给予服务对象力量，才能坚持不懈地陪伴服务对象一起勇敢地走下去。

4. 社会工作者在个案服务过程中要防止"反移情"

社会工作者的每一次家访，同服务对象的每一次陪伴和交流都会加深彼此间的感情。社会工作者与服务对象接触得越多，情感也会越深，所以在这种情况下，社会工作者需认清自己同服务对象的身份、角度，合理控制情感投入，避免不知不觉间陷入对服务对象的反移情中。

5. 在个案介入中，运用家庭社会工作和老年社会工作相结合的介入方式服务

面谈是最基本的方法，可以整合多方服务资源，利用直接介入、间接介入结合的形式，结合家庭社会工作和老年社会工作的特点和特殊方法，提高为家庭服务的成效。

（二）社会工作者的角色反思

在本个案中，社会工作者的价值体现在多重角色结合和不同资源的整合上，如在心理层面上充当辅导者、教育者角色；在链接资源方面扮演资讯提供者、资源链接者角色；更重要的是社会工作者在整个辅导过程的推动者角色，也充分发挥资源协调者的角色，结合不同层面的资源，如社会工作者自身的网络、工作机构、主管单位等，并从专业角度评估服务对象的目前需求，为服务对象提供服务。

2. 关爱困境儿童，助力七彩童年
——困境未成年人帮扶个案服务案例

一、个案背景资料

服务对象小周10岁，在湖北襄阳本地城乡接合部学校上小学四年级，父亲在其出生3个月后因车祸去世；母亲患有严重的精神疾病，现独居在老家，无照顾能力；哥哥在2007年外出打工，此后再无音讯。自父亲去世后，小周便与现已75岁身患重病的"五保户"大伯一起居住在本地的某社会福利院内。大伯因身体原因自己也需要人照顾，自顾不暇，无力管教小周。从上小学开始，小周就与社会不良青年为伍，养成了撒谎、赌博等不良恶习。最近一年来，小周经常夜不归宿，甚至逃课参与赌博，正在向"问题少年"的道路上越滑越远，几乎将陷入绝望无法挽救和彻底堕落的境地。

二、主要问题分析与预估

根据"人在情境中""优势视角"和"社会支持"的理论，社会工作者对服务对象的问题进行预估，对服务对象的资料分析可以得知：第一，服务对象的家庭内部系统缺失严重。父亲去世，母亲患重病，哥哥外出打工无联系，亲情和监护严重缺失。第二，服务对象的社会外部系统较为复杂。

服务对象与社会工作者、大伯、社会青年、福利院工作人员处于强关系状态,服务对象与老师、同学处于弱关系状态,社会青年对小周的生活产生了错误的引导,导致其误入歧途。

(一) 主要问题分析

1. 经济方面,基本生活缺乏保障

服务对象由于缺乏家庭经济来源,生活十分困窘。在社会福利院中,因为社会福利院只是为老年人提供服务,无法为小周提供各种相关服务。小周每顿只能与大伯同吃一份饭,存在吃不饱的现象,对于正处于长身体年龄的小周来说,缺衣少食,基本生活都得不到保障。

2. 心理行为方面,存在较大程度偏差

(1) 负面情绪难以排解。亲情的缺失,导致小周对家庭和社会心存怨恨与不满,同时又感到绝望无助。此外,服务对象居住于福利院,周围都是老人,没有同龄人,情绪无处宣泄。

(2) 行为习惯不良。一是在卫生方面,服务对象主要有不喜欢刷牙、睡觉前不洗脚、早起时不洗脸等不良习惯;二是经常夜不归宿,与不良青年参与赌博,严重影响了正常的学习与生活。

3. 家庭方面,监护缺失

小周在成长过程中缺乏父母情感上的呵护以及价值观念上的引导,一方面,服务对象在生活中缺乏安全感,经常处于担心和忧虑的状态;另一方面,监护缺失使得服务对象放弃自我努力和成长，变得放纵和堕落。

4. 社会支持系统方面，服务对象支持系统薄弱

服务对象不善言语，不主动与人交流，朋友很少，导致朋辈支持系统薄弱。社区、社会组织曾在一段时间内提供服务，但在此之后便无下文。

（二）需求评估

（1）基本生活保障的需求。服务对象虽居住在老年人福利院，但因为他不是孤儿，按照国家规定，无法为其提供衣服和食物。服务对象只能与大伯同吃一份饭菜，穿别人送的旧衣服，经常吃不饱、穿不暖，无力购买学习用品，基本生活需要亟待保障。

（2）协助宣泄负面情绪，纠正不良行为习惯的需求。服务对象的负面情绪和赌博不良行为习惯已较为严重，目前对其生活造成一定影响，长期下去，对其身体和心理都会产生无法估量的影响。所以，需要及时对其负面情绪进行引导宣泄，对不良习惯进行引导纠正，避免引起不良后果。

（3）提供监护支持的需求。服务对象家庭实际上只有一位年迈的大伯对其进行监护，存在严重的监护缺失问题，严重影响服务对象的健康成长。通过提供监护支持可以在一定程度上抚平服务对象缺乏亲情的心理创伤，并引导其更好地适应家庭和学校环境。

（4）建立良性社会支持系统的需求。老年人福利院只有服务对象是一位未成年人，平时生活很孤独，缺少同伴支持和社会关注。通过整合社会资源，建立社会支持系统，使服

务对象得到社会更多的关注和支持，从而提升其社会适应力。

三、制订服务计划

1. 主要目标

基本解决服务对象在经济、心理行为、社会支持系统等方面的问题，提升其社会适应力。

2. 具体目标

（1）经济方面：整合社会资源，缓解经济困难。

（2）心理行为方面：协助宣泄负面情绪，引导养成良好的行为习惯。

（3）家庭方面：提供监护支持，提升自护能力。

（4）社会支持系统方面：协助结交更多的朋友，拓宽社会支持网络。

3. 介入计划

介入计划如表2-1所示。

表2-1　介入计划

介入目标	表现指标	介入策略	达成预期目标的时间
整合社会资源，缓解经济困难	1. 家庭收入增加； 2. 家庭支出减少	1. 协助服务对象申请成功低保； 2. 争取社会爱心力量的捐赠； 3. 与学校老师沟通，争取免除生活费	90天

续表

介入目标	表现指标	介入策略	达成预期目标的时间
协助宣泄负面情绪，引导养成良好的行为习惯	1. 负面情绪得到宣泄；2. 掌握情绪控制的方法；3. 偏差行为得到矫正	1. 社会工作者利用专业服务技巧引导其宣泄负面情绪；2. 社会工作者组织"情绪管理和行为养成"相关主题小组，利用团体动力引导改变；3. 与其大伯沟通，让大伯进行监督	90天
提供监护支持，提升自护能力	1. 监护力量得到增加；2. 监护能力得到提升	1. 链接义工资源，寻找爱心妈妈，为其提供"类家庭"服务；2. 教授其大伯监护技巧，减轻其照顾压力，提升大伯监护能力；3. 与学校老师沟通，争取得到老师更多的关心和支持	180天
协助结交更多的朋友，拓宽社会支持网络	1. 能够主动地与他人进行交谈；2. 掌握人际交往的技巧；3. 服务对象交到更多朋友，扩大同辈群体交友系统	1. 社会工作者面谈分享交友技巧；2. 赠送《人人都喜欢我》小学生交际能力提升图书，并引导阅读学习；3. 组织人际交往能力提升小组，利用团体动力促进能力提升；4. 组织外出游玩活动，增加交友的机会	60天

四、服务计划实施过程

1. 缓解经济困难方面

（1）在与服务对象大伯沟通时了解到，服务对象现在还未申请低保，也没有享受相关的一些补贴。针对此情况，社会工作者积极与其所在的社区、街道进行咨询，协助其申请低保，至个案结束时服务对象已享有低保。

（2）社会工作者为服务对象链接爱心资源，通过与武汉某爱心人士联系，为服务对象争取到一次性助学金 500 元。该爱心人士还将长期对其进行资助，暂定 3 年。

（3）社会工作者与服务对象所在学校沟通，在得知其家庭情况后，学校也为服务对象减免了车费及在校时的午餐费，服务对象的日常生活和就学需求得到基本满足。

2. 心理疏导及行为矫正方面

（1）心理疏导方面，社会工作者通过接纳、倾听、回应、鼓励、疏导等技巧，引导服务对象宣泄负面情绪，并发掘服务对象情绪管理的成功经验，将服务对象由负面带向正面，并向其分享情绪管理的技巧。

（2）行为习惯矫正方面，一是引导服务对象认识到"不良群体和赌博"的危害，了解其迷上赌博的根本原因；二是社会工作者与服务对象学校老师及福利院工作人员沟通，争取他们更多的关心和支持；三是鼓励服务对象参加社会工作者组织的交际能力、生活技能和行为习惯提升小组，利用小组和团队的动力，引导其改掉赌博等不良习惯，养成良好的生活习惯和与人相处的能力，力图创造条件让服务对象与以往的生活圈子断绝来往。

3. 提供监护支持方面

（1）社会工作者通过与某义工协会合作，为服务对象寻求了一位"爱心妈妈"，"爱心妈妈"经常与服务对象聊天，带服务对象出去玩，为其购买衣服和学习用品等，一定程度上填补了其亲情缺失的空白。

（2）社会工作者与服务对象所在学校校长进行沟通，向校长说明服务对象的家庭情况，使其赢得校方的同情和关注，在学校得到更多同学和老师的关心。

(3) 社会工作者与服务对象大伯进行沟通，并教授其一些教育方法，让大伯平时积极地进行监护。

4. 建立社会支持系统

为了增强服务对象的社会支持系统，一是社会工作者鼓励服务对象参与社会工作者所在机构举办的"人人都喜欢我"同辈交往互助小组（见表2-2、图2-1），利用小组的动力提升其与他人相处的能力；二是赠予服务对象《人人都喜欢》人际交往秘诀图书，并协助其制订阅读计划；三是社会工作者组织"游隆中、游公园、游高校"等活动，为服务对象提供游玩交友的机会。

表2-2 "人人都喜欢我"同辈交往互助小组的活动时间与主题

节次/时间	主 题
第一节（2015年12月5日 14：30～15：30）	来，来，认识一下，我的新朋友！
第二节（2015年12月5日 15：45～16：45）	我当小记者
第三节（2015年12月12日 14：30～15：30）	我是说话艺术师
第四节（2015年12月12日 15：45～16：45）	心灵鸡汤
第五节（2015年12月19日 14：30～15：30）	我是小演员
第六节（2015年12月19日 15：45～16：45）	非常任务
第七节（2015年12月26日 14：30～15：30）	男孩女孩
第八节（2015年12月26日 15：45～16：45）	绅士淑女
第九节（2016年1月2日 14：30～15：30）	如果我是你
第十节（2016年1月2日 15：45～16：45）	成长的源泉

图 2-1 "人人都喜欢我"同辈交往互助小组主题与形式

五、个案服务评估

服务达到预期目标,成效较为显著。服务对象在社会工作者的帮助下建立了良性的社会支持系统(见表 2-3),远离了社会不良群体,走出"绝望的泥潭",建立了健康的同辈交际圈,并逐步改掉了依赖赌博和逃课来获得自我价值感的习惯,重建了积极的自我价值感,踏入了正常的社会生活。

表 2-3 服务对象通过社会工作服务获得的社会支持情况

支持类型	具体表现
社会支持	1. 爱心人士对其进行为期 3 年的捐赠,第一年已捐赠 500 元; 2. 协助其申请到低保,每月 200 元左右; 3. 学校为其减免了车费及午餐费,缓解了服务对象及其大伯经济上的压力
类家庭支持	1. 为服务对象寻求了一位"爱心妈妈",定期探访给予服务对象以情感支持; 2. 服务对象大伯掌握了科学民主的管教方式; 3. 与儿童福利院取得联系,目前正在申请入住,为其提供更优良的成长条件
同辈支持	1. 服务对象远离了社会不良群体; 2. 服务对象与学校表现优秀的同学建立了积极正向联系

六、专业反思

第一，在介入初期，社会工作者应对服务对象的家庭生态系统有一个充分的了解，利用生态系统图，分析服务对象的主要问题以及问题形成的主客观因素，识别服务对象的优势和缺失因素，以便"对症下药"，提高服务针对性。

第二，对于困境未成年人的帮扶单靠社会工作者个人的力量是无法完成的，需要有效整合多方社会资源，重视与学校、福利院、社区等服务相关方工作人员合作，充分发掘并运用已有资源，建立服务对象的社会支持系统，才能有效解决服务对象的问题。

第三，社会工作者的服务效果不是一朝一夕能完全凸显的，社会工作者在结案后，应继续跟进为其申请入住儿童福利院的情况，持续关注服务对象在结案后的表现，遇到需要介入的情况，社会工作者应适时地引导跟进。

3. 走出阴霾　放飞希望
——引导自卑青年走出家庭，融入社会个案服务案例

一、案例背景

服务对象小菲，女，1982年12月生，未婚，2003年从某职业技术学校毕业后，曾在某超市做收银员，3个月后被辞退，之后又做过1个月服装专卖店营业员，后一直失业，目前与父母同住。服务对象原来比较听母亲的话，但由于母亲经常催促服务对象出门找工作，造成其对母亲渐渐反感，与父母的交流也逐渐减少，家庭气氛紧张。服务对象本身性格内向，且因工作方面屡屡受挫，造成其不自信，自卑感很强。目前，服务对象整天在家无所事事，而且几乎不出门，自己也感到很苦恼。

二、主要问题

（1）思想观念。服务对象在就业过程中屡屡受挫，让她非常灰心，再加上自己刚参加的营业员上岗证考试没有通过，使她更感自卑。

（2）性格问题。服务对象性格内向，语言表达能力不佳，不善交往。在与服务对象多次交流过程中，许多事情都是母亲代其陈述，服务对象本人只是低头默认，很少交流，眼神中常流露出迷茫之情。

（3）就业技能。服务对象学历较低，又无一技之长，在目前竞争激烈的就业市场中，的确很难找到工作。

（4）家庭关系。服务对象长期闲散在家，无所事事，父母对其有埋怨情绪，家庭气氛紧张。

三、服务策略

（1）针对服务对象就业屡屡受挫、产生自卑情绪的现状，从改善就业观念入手，为她提供与社会接触的机会，使其认识到自身的优缺点，增强就业的自信心和积极性。

（2）针对服务对象性格内向、缺少与同辈群体接触的现状，让其参加社区团队活动，增强其与同辈群体交往的能力，并及时给予鼓励，使其性格开朗起来，更快地融入社会。

（3）针对服务对象学历较低、无一技之长的现状，尽快帮她解决就业问题，只要这个问题解决了，其他许多问题就可得到缓解。

（4）针对服务对象长期闲散在家、家庭气氛较紧张的现状，应加强与服务对象及其父母交流，分析服务对象产生问题的原因及解决问题的方法，特别让服务对象母亲认识到自己事事替女儿包办不利于孩子的健康成长，应该改善与女儿的交流方式。

四、服务模式

采取任务中心模式和家庭疗法相结合。

服务对象的主要问题都可以明确界定，服务对象又具有解决问题的能力和潜能，采用任务中心模式，充分发挥服务对象本身的能动性，可以更加高效地为服务对象提供服务。

解决服务对象与母亲关系紧张的问题可以运用家庭疗法，以改善母女的交流，使母女正确地对待服务对象的问题，共同朝着解决服务对象问题的方向努力。

此外，还可以动员服务对象多参加团体活动，增强服务对象对社区的信任，增加服务对象与同辈群体接触的机会，让她更快地从自我封闭状态中走出来。

五、服务计划

1. 总体目标

协助服务对象改变就业观念，克服自卑感，增强自信心；利用社会资源，提供实践机会，提升个人能力；改善母女关系，改善服务对象内向封闭的性格，使其更快融入社会。

2. 具体目标

（1）收集并研究资料，了解服务对象的生活状态、主要问题，建立专业关系。

（2）与服务对象进行交谈，改变其就业观念，助其认识到自身的优点和弱点，树立新的人生目标。

（3）与服务对象的母亲进行沟通，缓解家庭气氛，帮助其树立正确的教育子女的理念。

（4）提供服务对象参与社会实践的机会，提高其动手能力。

（5）邀请服务对象参加社区团队活动，增强与同辈交往的能力。

（6）根据服务对象的个人特点和能力，提供就业机会，增强其自立能力。如果就业问题一时无法解决，那就帮助服务对象做好就业前的准备，鼓励她走出家门，走向社会，寻找工作机会。

（7）回顾整个过程，巩固服务成果，对服务对象及其家人的努力予以鼓励，并做好跟踪服务工作。

六、服务过程

第一次接触的方式是笔者通过电话联系到服务对象本人及其母亲。服务对象母亲对社会工作者表示怀疑，但同意面谈。

第一节：首次面谈时，服务对象单独在家，社会工作者发现服务对象由于长期待在家中，眼神已略显呆滞，对社会工作者的到来表现得非常拘谨，说话吞吞吐吐。社会工作者就鼓励她说出自己的想法，与她聊兴趣爱好时，她的话一下子多了起来，社会工作者感到这是一个很好的切入点。从谈话内容可知，服务对象喜欢艺术活动，如画画、手工等。服务对象2003年从职业技术学校毕业，专业是形象设计，在考试时，由于过于紧张，考试没有通过。失业在家的这段日子，其母亲一直催促她出去找工作，服务对象表示很苦恼。

半小时后，服务对象母亲回来了，对社会工作者讲述了女儿的一些情况：性格内向，不善交流，工作屡屡碰壁，心情不好，与父母的关系逐渐紧张等。整个交谈中，服务对象母亲表现出焦急的心情，希望社会工作者能及时给予帮助。

通过这次上门走访，社会工作者和服务对象及其母亲建立了良好的关系，母女对社会工作者的信任度大大加强，为下一步建立专业关系，提供专业服务和帮助奠定基础。

第二节：与服务对象母亲进行深入交流，指出她事事代女儿包办，会使女儿缺乏独立自主的空间，不利于女儿的自立和健康成长。其母亲表示接受，愿意在今后注意这方面的问题。社会工作者又向服务对象母亲提供了一些家长与孩子沟通的技巧，其母表示愿意尝试。

根据服务对象的特点，社会工作者提供给服务对象"丝袜花培训"的信息，服务对象表示愿意参加。此次培训活动符合服务对象的兴趣爱好和特点，发挥了她的特长，增强了她的动手能力，而且为她创造了与人交流的环境，培训活动取得较好的效果，社会工作者及时对服务对象给予肯定和鼓励。通过这次培训，服务对象的性格也有了一定程度的改善。

第三节：利用社区近期要举办一个迎新联欢会的机会，告知服务对象这次联欢会将有十多位社区青少年参加，并动员她加入。联欢活动设计了一些心理测试和互动的节目，社会工作者鼓励服务对象积极参与，服务对象参与热情很高，还获得游戏活动二等奖，她上台发表了感想和新年愿望，说："我很高兴在今天的联欢会上结交了新朋友，我希望在新的一年里工作顺利，身体健康，也祝大家万事如意。"

这次活动给服务对象提供了与同辈交流的机会，她在活动中的表现，可以看出她有结交同辈朋友的愿望，也有改变自身的想法。特别是服务对象第一次当着这么多人的面讲话，虽然有点怯场，但社会工作者感到服务对象的心扉正一步步敞开，这为她的性格改善和人际交往能力提高迈出了重要的一步。

第四节：社会工作者通过电话经常和服务对象取得联系，询问她的近况。一天，她来电告诉社会工作者，她已通过了某超市理货员和专柜促销员的面试，很开心，想找社会工作者聊聊。见面后，她先跟社会工作者聊了上次参加团队活动时的开心事,并与结识的几位朋友至今保持着联系,希望社会工作者以后有类似的活动能够再邀请她参加。社会工作者进一步问她还有什么收获,她说:"我感到现在自己的性格开朗多了,与妈妈的关系也缓和了,母女间的交谈也多了。"社会工作者为服务对象感到高兴,并再一次对她的努力和改变给予充分肯定和鼓励。

第五节:通过服务对象自身的努力和社会工作者的帮助,服务对象在就业观念、家庭关系、性格方面都有所改善,并且可喜地看到她已能够独立地走向社会,体现出积极向上的精神面貌,并朝着好的方向发展,社会工作者认为可以结案,并制订了跟踪服务计划。

七、个案小结和反思

通过这一案例,社会工作者发现:第一,建立良好的专业关系,取得服务对象及其家人的信任,是顺利开展个案的基础。第二,针对性格内向的服务对象,找到谈话的切入点非常重要,而且切入点通常应该是服务对象感兴趣的事物,比如兴趣爱好。第三,服务对象的许多问题都是相互联系的,核心问题的解决通常能使其他问题得到缓解。第四,社会工作者要善于运用社会资源为服务对象提供服务,比如推荐培训、提供就业信息、联系社区资源等。

在本案例中,社会工作者感到自己一直处于"主动"的地位,在整个服务过程中着力体现"助人自助"的理念。本案的跟踪服务也至关重要,在"助人自助"的基础上,应及时把握服务对象的变化,适时地提供一些社会资源,这样才能使问题得到更好的解决。

4. 风雨之后见彩虹
——引导一位受挫折的女士正确面对生活磨难

一、案例背景

服务对象万某，女，39岁，武汉人，目前生活在湖北襄阳，现阶段精神状况较差，情绪焦虑、暴躁、易怒，对生活有严重的挫折感。

家庭环境：丈夫在外有情人，服务对象与丈夫关系恶劣；服务对象是外地人，公婆对她有些排斥；患老年痴呆症的父亲虽住在福利院，但由于近一段时间身体不好，需要服务对象照顾；对儿子，她寄予了很大的期望，为儿子做了很多教育计划，但在实际教育方面觉得力不从心，经常发脾气动手打儿子。近来发现儿子有撒谎及暴力倾向。

工作环境：现任职的单位准备精减人员，原先两人负责的工作将由一人负责，而且服务对象有可能调离本部门到其他分部，这就预示着压力、工作量都得增大，而且可能没有时间照顾孩子，可是如果不听从安排就得辞职，这份工作好不容易做下来，又不想放弃，工作和家庭难以两全，不知如何是好。

社区环境：由于是外地人，服务对象在襄阳没有知心的朋友，有事无人倾诉，平时只有和老乡联系，在老乡的带动下，她开始学打网络游戏，甚至学会了抽烟。

二、问题的陈述与分析

服务对象由于父母的婚姻和自己婚姻的经历，对家庭、婚姻有很强的危机感和不信任感，在经历了大吵大闹之后，她对问题有了新的看法，所以她努力改变自己，改善家庭关系，丈夫却旧习不改，反而变本加厉。当她付出很多心血之后，却没有得到正面的回报和反馈，有较强的挫败感。

对服务对象面临的问题采用"人与环境"的实务结构取向分析可以发现，服务对象现在一系列问题的产生均来源于与之相关环境的变化：家庭中丈夫的变本加厉、公婆对她的排外情绪、父亲的健康、孩子的教育以及工作变更等问题，都加剧了她的烦恼和痛苦，在碰到这么多问题后无人倾诉，导致服务对象的情绪变得暴躁、易怒，且容易失控，在朋友的带动下，她开始打网络游戏并且抽烟。

对此，服务对象现阶段面临的待解决问题有以下几个。

（1）自我概念偏低，比较自卑，加上长期缺乏关爱，从而导致严重的情绪问题，如何平复暴躁、易怒的情绪，是服务对象面临问题中最亟待解决的，许多事情在服务对象的情绪稳定后相信服务对象会有正确的判断。

（2）心理不平衡，感到委屈，自己为这个家付出了这么多，丈夫、公婆却这么对待自己，如何正确处理家庭关系，包括夫妻关系、公婆关系和亲子关系。

（3）如何处理工作变故带来的问题。

（4）如何远离不良老乡，如何杜绝由于没有勇气结交朋友，加上不良老乡的引导导致不良行为的发生。

三、工作计划

1. 工作目的

挖掘和利用服务对象及其环境自身拥有的正向资源，帮助服务对象重建社会支持网络系统，推动个人与环境的共同改变。

2. 工作目标

（1）帮助服务对象建立良好的家庭支持系统。

（2）协助服务对象获得正向的社区及社会支持。

（3）帮助服务对象自如处理生活中的压力和挑战，恢复自信心，积极面对生活。

3. 实施策略

（1）对服务对象进行情绪疏导，舒缓压力，使易怒、暴躁的情绪得到缓解。

（2）进行认知和行为的矫正。

（3）鼓励服务对象积极主动地与人交往，经常参加社区的相关活动，结交新的朋友，在交往及其他各种活动中转变认识，重新认识自己和社会。

（4）对服务对象进行亲子沟通技巧的培训，加强她的亲子沟通能力。

（5）对服务对象进行巩固训练，即增强服务对象应对能力，巩固已有的良好状况。

四、服务实施

第一节：建立伙伴式的专业关系。通过充分了解服务对象的生活经历、现状和价值观念等资料，发现现阶段服务对象非常需要社会工作者的介入；在此基础上客观审视自己的能力，认为可以帮助到服务对象，在双方积极努力下情况应该会有所好转，在充分尊重服务对象意愿的前提下与服务对象建立专业关系，订立口头协议。

第二节：通过讲座、培训等方法，让服务对象了解到什么是情绪，如何学会调节自己的情绪。对服务对象进行"八大调节情绪方法"的训练，设计具体表格，并一一对其中的方法进行解说，希望服务对象在遇到让她情绪激动的事后能参照该方法做，并且养成一个习惯，每天将自己的情绪记录下来，看看自己是否有进步。

第三节：通过会谈让服务对象明白，在处理公婆关系上，她的认识是错误的，公婆帮助照顾孙子不是义务，她应该抱着感恩的心感谢公婆的帮助，同时希望她可以多和公婆沟通，帮助做些力所能及的家务；同时收集相关网络游戏、抽烟等危害性相关资料，希望她能对此有所警觉。

第四节：鼓励服务对象积极参加社区组织的活动，从而结交新的朋友，同时通过图片、讲座、讨论、座谈等各种形式，帮助服务对象树立正确的人生观、价值观，特别组织服务对象参加由社区举办的外乡人亲情会，让服务对象感受更宽松的社区环境，从而增强自信，更好融入社会。

第五节：为服务对象提供亲子教育的资讯，提高其亲子能力，客观看待子女的教育问题。

第六节：在与其丈夫关系的协调上，认为不需要教导服务对象如何做，只需要澄清事实，告之服务对象要自立、自强，才能获得家人的尊重；在处理工作事情上，鼓励服务对象积极自信，可以主动与上级领导沟通，希望在家庭与工作之间可以取得平衡。相信服务对象能够处理好关系,如果服务对象这次能正确处理好与家人、工作的关系,相信她应对突发事件的能力会大大增强。

第七节:与服务对象一起回顾过去的工作过程,鼓励服务对象将在过程中获得的方法、技能及信念应用于生活,分享与处理关系结束时的感受和情绪,同时预估未来服务对象有可能遇到的挑战和问题,表达支持的态度。

五、服务成效

通过社会工作者的努力,服务对象的社会支持系统重新建立并完善,服务对象已与单位协商好,因为工作需要暂时调离现岗位,公司也承诺一旦有岗位,立刻将其调回。她与公婆商量,公婆表示以后等她上班了他们会接小孩,她非常感谢,在婆婆生日的时候买了礼物送给婆婆。后顾之忧解决了,她的心情也逐渐恢复。服务对象与老家的妹妹沟通,将生病的父亲先送回武汉,由妹妹照顾一段时间。目前,服务对象的情绪已比较稳定、趋向乐观,表示家人对她都非常支持,她会继续努力做个好母亲、好媳妇;对丈夫,她表示会和他好好沟通,寻求一个最好的解决办法。

六、个案反思

根据此次的工作目标,是建立完善案主的社会支持系统,成功运用了"人与环境"的实务理论,经过服务对象和社会工作者的共同努力,达到了预期的效果,服务对象的情绪控制得到提高,正向的社会支持网络得以建立和完善。

在此次案例中,社会工作者经过反思,改变工作方法和技巧，着重培养服务对象的抗变能力，鼓励她重拾自信，以积极的心态处理问题，当不如意的事件在她自己的努力下逐渐朝好的方向发展后，服务对象也表现出乐观的一面，增强了自信，她表示以后再碰到困难的时候不会这么无助，她相信自己在风雨之后能见到灿烂的彩虹。

5. 转身沐浴阳光

——偏差行为少女回归校园

一、个案资料

马艺（化名），初二女生，近半年来常与社会闲散人员集会，参与打架斗殴，并酷爱网络游戏，天天沉迷于网吧，原来学习成绩还可以，现在成绩一落千丈。她父亲知道这一情况后，天天看着她，不让她与社会闲散人员接触，到网吧里劝她也无法将她劝回。后来，马艺三天两头旷课，甚至经常一周不回家，只愿意沉浸在虚拟的游戏世界中。现在，马艺的父亲天天在家看着孩子，不能外出打工维持生活，马艺也不能正常学习。马艺的父亲很苦恼，找到社会工作者。

二、家庭背景

马艺的父母已离异多年，她目前由父亲抚养，母亲另组家庭，生活条件不是很好，所付的生活抚养费很少，也不经常来看她。其父迫于生计，四处打零工挣钱，没有时间过问马艺的学习，甚至日常生活中也只是给她一些钱，让马艺自己做或者买些吃的。马艺与父母沟通得很少，平时也很少与长辈人群沟通，话语很少。从小生活很自立，在学习方面也很少让老师和家长操心。升入初中以后，学习压力大，学习很吃力，再加上马艺非正常的家庭生活，很少得到家人的关爱，心理逐渐冷漠。与身边的老师同学极少交往，很少与人言语。由于无人看管，性格冷漠，她结识了校外社会闲散人员，觉得她们能给她关爱，找到了友谊。出于义气，也曾参与到她们的打架等影响不好的事件中。

三、主要问题

服务对象的学习、家庭、交际面临困境，服务对象心理存在一些偏差，外显的安静和无所谓的态度是不成熟的表现，只是为了掩饰内心的自卑。关键是不敢面对自己的现实生活。

四、问题分析

服务对象主要面临的困境有：服务对象与社会闲散人员交往，影响正常生活、学习；沉迷网游、难以自拔；服务对象与父亲之间关系不良，亲子沟通存在障碍，对母亲态度冷漠；在校表现不佳，学业有困难，存在逃学等不良行为；家庭拮据的经济状况。由于升入初中以后，学习压力大，再加上马艺非正常的家庭生活，很少得到家人的关爱，心理逐渐冷漠，对生活和学习产生厌倦心态，开始逃避父母的关爱，逃避同学；自卑、封闭自己。在接触网络之后，便很快地陷入其中，在精神上找到依托，在行为上找到新的逃避方式。社会工作者应该帮助服务对象认识到现实的真实性、不可更改性以及现实的实质性一面，协助服务对象解开心结，坦然地面对自己，面对家庭和生活的现实。

五、青少年个案服务的特点

青少年个案过程主要包括以下几个特点。

(1) 青少年服务中，建立关系阶段具有主动性、外展性和技巧性的特点。

(2) 青少年服务预估的焦点，既包括青少年的需要评估，也包括开展专业服务所需要的资源评估。

(3) 服务计划的制订必须充分尊重青少年的意愿。

(4) 服务计划实施过程中，社会工作者着重在提升青少年能力、改善支持关系、优化朋辈群体、整合社区资源、优化社会环境等方面开展各类介入和行动。

(5) 评估应兼顾结果评估和过程评估。

六、个案预估

在服务对象父亲的引导下，社会工作者和服务对象有了第一次接触交流，经过首次沟通，社会工作者对服务对象的基本信息进行收集整理和分析。依据社区居委会所掌握的资料，对该服务对象的介绍和与服务对象的具体谈话，社会工作者初步对服务对象进行一个问题的评估。家庭环境：父母离异，缺少父母关爱与陪伴，家庭条件不好。个人情况：独立性较强，与同辈群体、老师、家长交流少，厌学，自卑、封闭，心理冷漠，沉迷网络，逃学。她的问题特殊性在于以讨厌现实、逃离现实、不愿面对现实为根源。

七、服务模式

考虑到服务对象的年龄和现实中的问题，社会工作者决定采用现实疗法帮助服务对象认识到自己的潜在能力，通过现实的真实呈现使其看清问题的实质。如果再在此情形下采用理性情绪疗法，服务对象可能无法在迷茫的思维中重新思考。所以，还是用事实来说话，让服务对象自己在现实中弄明白自己的忧虑是不必要的，上网逃避更是不对的，从而在根源上解决问题。现实治疗法认为，自我认同的发展受到个人对自己的看法、个人的工作和生活经验以及与他人交往的影响。它强调人不能靠情绪产生行动，人们应该先行动，在行动中改善情绪与观念。在治疗过程中，社会工作者是一个模范，也是一个教师，让服务对象感受到关怀与体谅，也要对服务对象进行行为示范、指导和监督。

八、服务计划

目标：改变服务对象逃避真实生活的生活状态，帮助其发现自己生活的温馨。认识到自己的偏差，走回到自己常规的人生轨道。

具体内容安排如下：

（1）接案，本案是在社区发掘到的个案。社会工作者先了解基本情况，并约定上门走访的时间。

（2）初次接触，资料收集并研究。

（3）得到服务对象信任，确认工作关系。

（4）进一步接触服务对象，切入工作重点。

（5）帮助服务对象做好接受现实的准备，并与其共同克服可能存在的困难。

（6）着重注意服务对象的心理变化，时时给予关心、引导和帮助。

（7）积极帮助服务对象与父母和周围的同学搞好交流沟通，预防服务对象可能存在的情绪波动。

（8）跟进服务，如果服务对象的状况良好，社会工作者可结案。

九、服务过程

第一节：提供专业的社会工作服务，协助服务对象缓解网络成瘾的情况。例如，拓展马艺其他的兴趣活动，参加社会工作者开展的社区服务活动，等等。

第二节：社会工作者与马艺及其父亲进行会面，提供父女交流的机会。一方面，协助马艺了解父亲对她的关爱，鼓励马艺关心体谅父亲；另一方面，帮助父亲了解马艺的想法和需要，改善和提高亲子沟通的技巧。

第三节：修正马艺的不妥当行为，改善其留宿网吧、彻夜不归、逃学旷课的行为。

第一次谈话评估：服务对象的状况基本正常，她也乐意接受社会工作者的帮助。总体而言，谈话中服务对象处于被动状态，社会工作者提到哪个话题，她就会跟到哪里。其中有几次她讲话很激动。服务对象对社会工作者的帮助也十分积极地配合，她没有做出排斥的行为活动，而且双方彼此基本上了解对方。就其自身问题的相关信息资料收集来讲，也基本上达到预期的目标。在初步评估（服务对象问题的初步分析）的基础上，社会工作者进一步分析服务对象的问题，服务对象性格内向，在生活中不爱说话，不善交际。第二次谈话社会工作者主要了解服务对象前两天的想法和与父母关系的改善发展，并且协助服务对象制订了下一步的实施计划。

第二次谈话评估：此次谈话比第一次要顺利得多，谈话的目标是帮助服务对象认识到问题的实质，发挥其自身解决问题的潜力。这一预期的目标也基本实现，服务对象自己的成长动力很强。谈话的内容主要是围绕影响和产生目前问题的因素，帮助服务对象认识到这些诱因的存在，使其自己有意识地去解决此类问题。

第三次谈话评估：马艺的情况有了较大改观。她说话的语气有了变化，不再低沉没有生气。脸上的表情也丰富起来，动作也多了许多。总之，进步是非常明显的，谈话中社会工作者主要听取了马艺对上次的几个问题的思考，并且进一步在思想意识上帮助她认识到问题的可以解决性。

第四次谈话评估：服务对象已经在思想意识上完全认识到自身的不足，而且已经有了很大的进步。她主动提出再联系社会工作者，这就是一个进步的体现，相信她可以走好后面的道路。

经过四次谈话，服务对象在思想意识上有了很大的提高。刚开始她十分无奈，面对现实无能为力，在社会工作者的帮助下，她渐渐地开始走出被动、躲避。她慢慢地认识到自己目前的问题实质，开始分析导致自身问题的因素，最终也发觉自己的不足，从而进一步挑战自己的弱点，走向积极实现自我、完善自我，健康成长的目标。

十、成效评估

就服务对象的问题来看，经过这段时间的工作，服务对象对自己的生活有了新的目标，并不像前段时间那样迷惑不解。服务对象的心理问题也一天天好转，已有回归家庭的正常生活、参与社会正常生活的表现。根据服务对象的实际情况，社会工作者认为没有必要再调整计划，做跟进的工作。

邻居也都认为马艺真的变了很多,看到人不会低着头,也会有礼貌地与人打招呼了,那是自信和交际在逐渐恢复的表现。

为了让孩子离开不良环境,社会工作者帮助在沈阳找到了一所寄宿的职业技术学校。马艺的父亲也为了更好地照顾女儿,到学校附近水果超市找了一份工作。经过一段时间的学习和工作,马艺父女已经基本适应那里的生活,马艺由于学习基础较好很快适应学校生活。马艺的父亲看到女儿能够正常学习生活了,也能够投入工作中,保障了基本生活。

十一、个案反思

(1)社会工作者不宜采用"高压式"的指导方法,这会降低服务对象的自决。

(2)针对服务对象的不成熟,社会工作者要投其所好,根据服务对象的喜好进入她的生活,再慢慢去引导她。社会工作者要时时关注服务对象的心理变化,尽快获得服务对象信任,巩固彼此之间的关系。

(3)社会工作者应该学会让服务对象剖析自己,让她亲自去面对一定的现实。要培养其面对现实的能力,学会在遇到挫折时从多角度出发去思考,学会向外界求助,学会正确、客观而理性地分析问题的实质,从而提高自己对社会的适应能力,实现自己的健康成长。

(4)作为社会工作者,自己必须有预见性的准备,要有能力引导服务对象讲话,不能毫无目的地随服务对象讲。这就要事前准备谈话的主题和需要的信息。

十二、反思社会工作实务在中国社会文化中的实践

（1）西方理论与本土实践结合的反思。由于社会工作理论大多来源于欧美等西方社会，这些理论运用到中国本土实践当中，有时候就会出现理论愿景与实践事实存在差距。比如用"人与环境"理论对服务对象的环境评估，应该承认该理论看问题视角的多元与广域优势，的确能从微观、中观和宏观三个角度发现服务对象及环境存在的优势、资源与挑战。但是具体到实践中，很多用理论分析出来的东西是社会工作者所能想到的，但是很难落实到实际中去，尤其宏观层面的东西。

（2）中西方不同文化与价值观的反思。社会工作中很强调服务对象的潜能与多元智能，这是基于西方尊重个体的文化与价值观的影响，比如孩子学习成绩不是很好，但是其他方面有一定特长，这个孩子依然可以被视为优秀的学生。然而，中国人普遍认为，学习成绩是衡量一个孩子有无前途的唯一标准，并且以子女的成就来断定自己的成败。因此，就马艺个案而言，社会工作者想强化马艺在其他方面的自信心，但其往往被父亲要求要喜欢上学习，考上研究生，其他的都是不重要的。

（3）个案工作中服务对象自决与家庭支持系统的冲突。个案工作中很强调服务对象自决，但是在中国社会文化背景下，服务对象往往不能自决，尤其是服务对象不是一个独立个体如未成年人时，很多时候服务对象要服从其家庭支持系统（父母、爷爷、奶奶或其他有很强权力关系的人）所做的安排和决定。

(4)求助与面子的问题。很多中国人不是很习惯于求助，觉得家丑不可外扬，把自己不好的一面展现给别人会很没有面子，而这一点很不利于个案工作的开展。社会工作者收集资料特别费劲，常常需要好多次才能把背景资料搞清楚。

(5)效果与效率问题。社会工作个案服务常常需要很长一段时间才能见效，立竿见影的服务比较少，社会工作者不仅需要把服务做得面面俱到，让服务对象看到效果，又要想办法给个案一个交代。因此，要注意效率的问题，更要注意效果的问题。

6. 协助服务对象走出自我封闭的困境
——社会支持理论视角下的个案介入

一、案例背景

(一) 基本资料
服务对象小颜，女，31岁。

(二) 个案背景资料
（1）接案原因：2017年3月，为开展"阳光伴飞"未成年人社会工作服务项目，社会工作者及相关工作人员深入襄阳市樊城区进行社区探访，在与社区居民聊天的过程中得知，社区居民小颜家境比较凄惨，其母亲在她初中时因家庭矛盾自杀，父亲再婚重组家庭后，她与爷爷、奶奶一起生活，与父亲的关系基本中断，2017年3月，她父亲因病过世。青少年时期不愉快的家庭生活经历和父亲的去世给她的心理造成极大的影响，再加上她一直没有稳定的工作和收入来源，迫切需要政府和社会给予关注。工作人员听到这种情况，觉得非常有必要通过专业社会工作者的介入协助她面对及解决生活的困境。在社区居民的引荐下，社会工作者主动联系小颜向其道明为其提供个案服务的想法，最后在小颜的同意下与其建立了专业服务关系。

（2）人际关系：服务对象与其父亲关系疏离，在父亲重组家庭后基本中断了与父亲的交往；由于长时间与爷爷、奶奶和姑姑生活，所以与近亲属的关系比较密切；服务对象与其丈夫关系亲密，视丈夫为自己生活的唯一支柱；服务对象曾在多家公司打工，由于频频更换工作，很难与同事建立较为深层次关系，没有知心朋友。目前辞去工作住院治疗，与外界联系比较少。

（3）情绪状况：情绪低落，精神萎靡不振。每次提起家庭情况均情绪波动较大，对母亲的思念感很强，对父亲再婚的愤怒难以克制。

（4）精神病记录：无精神病史。

（5）健康状况：身体状况较差，患骨结核、盆腔积水、甲亢等疾病，2017年6月病发后开始进行住院治疗。

（6）经济状况：一直没有稳定的工作，曾在多家公司打工，收入长期处于较低状态，加之住院治疗开支较大和丈夫经济收入一般，因此经济压力比较大。

（7）犯罪记录：无犯罪记录。

（8）社会支援网络如图6-1所示。

二、问题分析

（一）理论依据

1. 心理社会治疗理论

心理社会治疗理论认为人生活在特定的社会环境中，生理、心理和社会三个层面的因素相互作用，共同影响人的成长和发展。如果其中一个层面的发展遇到障碍，那么其他两个方面都可能受到不良影响。所以，要想实现一个人的健康

图 6-1 社会支援网络

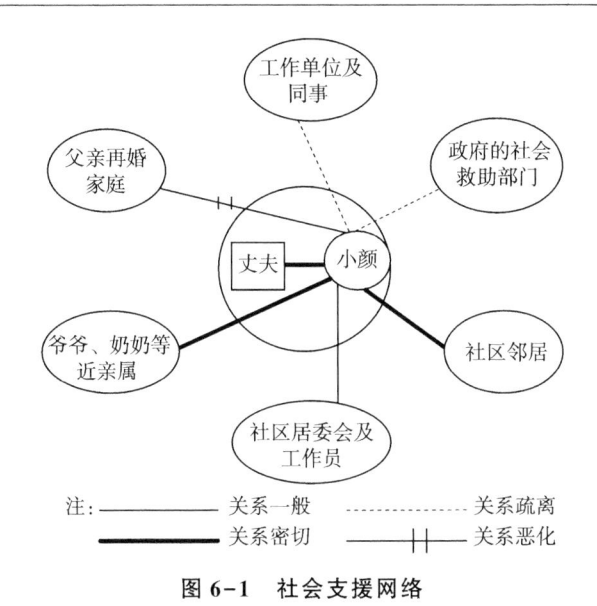

发展,就必须兼顾生理、心理和社会性三个层面。

2. 非理性认知与自我标签化

个体对自身、他人和环境的认知有理性和非理性之分,非理性认知就是指凭感觉地,没有客观地认识理解事物。在非理性认知情况下,社会个体很容易进行自我标签,即依据对自身的非理性认识,将一些不合理的甚至是错误的评价强加到自己身上。当一个人的非理性认知过多或自我标签过度的时候,往往会给个体心理造成较大压力,从而不利于个体的健康成长。

3. 社会支持理论

社会支持是指由社区、社会网络和亲密伙伴所提供的感知的和实际的工具性和表达性支持。诸多社会支持构成社会个体的社会支持网络,而社会支持网络又可以分为正式的社会支持网络和非正式的社会支持网络。这两类社会支持网络在社会个体的发展中必不可少,其能够为个体提供生存和发展所需的各种资源。当一个人的社会支持网络缺失的时候,会给他带来相应的心理困境及发展障碍。

4. 功能主义理论

功能主义者强调家庭保留的功能——社会化、情感支持和彼此陪伴、性规则及经济合作等,本案例凸显的是家庭中的社会化、情感和陪伴功能:(1)社会化。家庭的首要功能在于促进个人的社会化。家庭是一个小群体,群体成员享有很多面对面接触的机会,从中接受内容丰富、形式多样的社会化过程,家长通常有很强的动力去教育他们的后代。(2)情感和陪伴。家庭为其成员提供爱、感情和陪伴。感情对儿童很重要,而且在其整个一生中都始终如此,一个缺乏亲情关怀的孩子其身体、智力、情感的成长以及其社会发展都会受到损害。本案例中服务对象失去母亲的关怀,情感缺失,经常情绪低落,精神萎靡不振,由此可见服务对象出现的一系列问题很大程度上都和其家庭功能的缺失有很大关系。

(二) 问题表现

(1)生理方面:身体健康状况较差,患有多种疾病,包括骨结核、盆腔积水、甲亢等。2017年6月,因为骨结核和生殖器结核住院治疗。

(2)心理方面:内心封闭,自我认同度低,自我认识存在偏差,导致情绪长期处于低落状态,精神萎靡不振。

(3)经济方面:缺乏固定的工作,没有稳定的收入来源，其丈夫经济收入一般，整个家庭的经济状况较差。

（4）家庭关系方面：与父亲的再婚家庭关系疏离，对父亲抱有强烈的不满甚至愤怒情绪。

（5）社会交往方面：社会交往范围较窄，社交自信心和能力较差，开展社交活动的主动意识较差。

（三）服务对象需求

（1）对身患疾病进行治疗，改善身体的健康状况。

（2）调节内心低落情绪，破解自我封闭的心理，提高自我认同。

（3）希望申请社会救助，缓解住院治疗造成的经济压力。

（4）希望缓解对父亲的不满及怨恨情绪。

（5）提高自信心，增强社交技巧及社交能力，扩大社会交往面，多交朋友。

三、服务计划

（一）服务目标

（1）协助服务对象宣泄负面情绪，修改其自我认知，提高自我认同。

（2）降低负面的生活经历对服务对象心理产生的消极影响，协助服务对象建立开放、包容和积极乐观的心态。

（3）协助服务对象建构自身的社会支持网络，包括正式的支持网络和非正式的支持网络。

（4）调动及整合相关资源，协助其申请社会救济。

（二）服务策略

（1）运用叙事疗法与服务对象一起回忆生命中的重要事件，引导服务对象正确看待自己的生活经历，通过生命回顾及梳理为其提供宣泄的机会。

（2）运用SWOT分析法指导服务对象正确认识自己的优势、劣势，理性看待自身面临的发展机遇和挑战，协助其建立正确的自我认知。鼓励服务对象积极看待问题，修正其"自己总是被抛弃者"的消极认知，协助其建立积极乐观的心态。

（3）进一步加强服务对象与其近亲属的联系，改善其与父亲再婚家庭的关系，通过户外活动和情感支持小组使其能够结交更多的朋友，加强服务对象与邻居的交往，增强社区居民对其的认同和接纳，以为其建构和强化非正式支持网络。

（4）协助服务对象与社区居委会、民政救助部门和医院等社会组织建立联系，争取和协调这些机构的政策、资金等资源促进服务对象问题的解决，为其建构正式的社会支持网络。

四、介入过程

第一阶段：收集服务对象相关资料，建立专业关系，做好需求评估。

介入技巧和方法：社会工作者先是通过社区探访向社区居民了解服务对象的一般情况，然后针对服务对象及其家属采取深入访谈及观察等方式收集全面的和深层次的资料。在收集资料的过程中，社会工作者秉承平等、尊重、接纳和非评判等服务理念获得服务对象的接纳和认可，从而建立正式的专业服务关系。在需求评估阶段，社会工作者运用自卑心理诊断量表和非结构式访谈等方法全面评估服务对象的问题和需求，并与服务对象一起讨论评估结果的准确性，最后从中选取出其认为最紧迫的情绪辅导需求作为介入点。大多数国人受传统思想"家丑不可外扬"的影响，服务对象也是如此，接案之初不愿意把家里的事说给其他人听。在社会工作者适时使用自我坦露的技巧后，才慢慢建立专业关系，逐步走进服务对象的内心世界，与她一起体味成长的辛酸和幸福，深层次了解服务对象。

第二阶段：针对服务对象存在的问题与需求，与服务对象共同协商，制订服务计划。

介入技巧和方法：将服务对象的需求按照需求强弱程度和解决难易程度进行优先排序，然后与服务对象共同协商，明确服务目标、介入理论、服务内容、服务手法和服务进度表，分析在整个服务中所需要动用的资源，并对在服务过程中可能会遇到的一些问题作出澄清。在与服务对象制订服务计划的初期，她的依赖性较强，希望社会工作者代替她来解决问题，但是社会工作者认为其自身的想法和建议对整个服务的过程及成效非常重要，于是社会工作者积极引导服务对象对服务计划的各个环节发表意见，从而在最大程度上使整个专业服务符合服务对象的主观愿望和内心期待。

第三阶段：开展叙事治疗，与服务对象回忆生活经历，鼓励其宣泄负面情绪，共同探讨情绪管理的方法和技巧。

介入技巧和方法：社会工作者与服务对象一起述说其生命故事，梳理其生活脉络，帮助其找出遗漏的故事片段，然后对其中重要的生命故事片段进行重新诠释，通过重新诠释使服务对象对自身的生命获得一种积极向上的认识，并且从中能够发现生命的意义。社会工作者还通过"问题外化"的技巧，将服务对象与问题分开，把被贴上标签的服务对象还原。问题外化之后，服务对象的内在本质会被重新发现和认可，她就会重新树立起自信并有力量去解决自己的问题。社会工作者还运用倾听、探索—宣泄—描述的技巧，通过角色扮演为服务对象提供负面情绪的宣泄机会，与她一起探讨情绪产生的原因及如何合理宣泄内心情绪的技巧。在叙事过程中，服务对象将讲述重点放在那些对自己有不利影响的生命事件上，比如母亲的去世、父亲的抛弃和爱的缺失等方面，根据这些故事片段得出自己生活很悲惨的负面感受。随着社会工作者的逐步引导，她开始能够回忆并讲述起生命中那些快乐的桥段，慢慢地，她认为自己生命中原来也有很多快乐的回忆，从而改变了对自己生命意义的解读和诠释。

第四阶段：运用理性情绪治疗法修正服务对象的非理性认识，运用SWOT分析法使服务对象全面客观地认识自己及其所处的环境，提高服务对象的自我认同，使其形成一种积极乐观的生活态度。

介入技巧和方法：社会工作者首先认真倾听服务对象的情绪表达，努力从她的表达中查找情绪产生的原因；其次分析其中哪些属于非理性情绪；再次社会工作者协助服务对象找出引发其情绪困扰的非理性信念，通过采用"对质辩论""理性功课""放弃自我评价""忠告""示范"等方法引导服务对象发现、认识、放弃和改变自身的非理性信念；最后社会工作者还向服务对象发放 SWOT 分析表，引导其全面、客观地认识自身的优势和劣势，并对自身当前生活处境中的机遇和挑战进行描述，以帮助她对自我进行重新诠释，改变其对自我的认知偏差和消极标签。在个案会谈中，服务对象总是强调父母的离世是因为不喜欢自己，自己是一个被父母抛弃的人。她认为母亲自杀是为了抛弃她，父亲去世也是因为要抛弃她。社会工作者运用了对质辩论的方法，纠正其非理性认知，使她能够认识到父母的离世并不是因为她的存在而发生，也不会由于她的不存在而发生改变，父母对她的爱一直存在，母亲自杀主要是因为家庭矛盾，父亲的去世则是因为身患疾病。

第五阶段：扩大服务对象的社会交往范围，协助其建构比较完善的社会支持网络，努力分析和挖掘网络中有助于服务对象问题解决的资源。

介入技巧和方法：通过旅游情感支持小组活动，使服务对象在大自然中放松身心，协助其认识新朋友，丰富其朋友支持网络。在活动中，组员出于共同的兴趣和爱好，彼此之间相互尊重、理解和支持。通过互帮互助，他们会突然发觉自己对其他人的重要性，这可以产生提高自信心的功效，因为对任何人来说，被需要的感觉是很重要的。另外，朋友网络中存在很多资源，这些资源有助于服务对象问题的解决。在小组活动中，社会工作者运用小组分享等技巧使组员之间相互了解，引导组员关心其他组员面临的生活困难，帮助他们建立通讯录，倡导组员凭借自己的优势和长处来帮助其他有需要的组员。在一次小组活动结束后，其中一名组员问服务对象下次是否还能来参加活动,在作出肯定的回答之后,服务对象问社会工作者:"你说大家都喜欢我参加活动吗?"可见,服务对象封闭已久的心灵已在慢慢开启。另外,社会工作者还带领服务对象一起走访了她的重要亲属(主要是爷爷、奶奶和姑姑),进一步强化了她的亲属支持。面对服务对象的医疗费用压力,社会工作者还协助其与居委会、民政救助部门和医院进行沟通,为其争取低保救助和专项医疗救助,由于其救助条件不符而没有成功。但是在争取的过程中,服务对象了解了相关的政策法规,也学会了向相关社会组织争取资源的程序和技巧,这对于她以后的生活是非常有帮助的。

第六阶段:巩固服务效果,做好结案准备,处理结案离别情绪及后期跟进工作。

介入技巧和方法:该阶段社会工作者主要是与服务对象回顾整个服务过程,对服务对象的成长与改变给予肯定和支持,总结服务开展的成效。与服务对象一起比较服务成效与预期目标的相吻合程度,对整个个案辅导的效能进行评估。向服务对象说明结案的必要性和可行性,告知结案的时间,妥善处理其离别情绪。安排好结案后的跟进工作,以及时了解服务成效的稳定性和持续性。如果服务对象出现问题反复或者出现其他新的问题,要考虑再次介入的必要性。在个案服务中,服务对象与社会工作者建立了较为密切的关系,面对即将要离开这种信任感和依托感时,服务对象感到非常不安,再一次产生了"我被遗弃了"的情感。为此,社会工作者增加了一次专业活动才有效地处理了离别情绪。社会工作者告诉服务对象,社会工作者是采用助人自助的理念帮助其恢复和完善社会功能的,当服务对象的问题已经解决或者服务对象已经有能力面对今后的生活困境时,应该结案,而结案并不意味着抛弃,这恰恰代表了服务对象自身发生的积极改变,社会工作者会及时跟进服务对象的后续发展问题。

五、评估

(一) 服务对象评估

该个案服务历经 6 个月,每隔一个月,社会工作者都会将之前的服务内容及成效与服务对象进行分享和交流,以巩固服务所带来的效果。社会工作者主要是运用观察法及问卷法对每个阶段及整体服务过程及服务成效进行评估的。

(1) 观察法。通过观察法,比较服务对象接触服务前后的变化。社会工作者每一个月都将与服务对象针对目前所提供的服务及服务目标进行交流,取得服务对象的反馈。在交流中,社会工作者特别关注服务对象的语言表达、表情及行为举止的变化,从中发现和总结服务对象所发生的改变。在一次小组活动结束后,服务对象说:"这次小组活动,我本来不想参加了,因为家里真的有事情。但是组员 A 讲,我不来她也不来了,听到她那样说我就把家里面的事情推了,来参加小组活动。我知道组员都希望我参加小组活动,他们很喜欢我。我真的要感谢你请我参加这样的活动,是你使我从封闭落魄的情绪中走出来,是你让我敞开心扉跟人交流,是你介绍给我这么多朋友,现在的每一天对我来说都是美好的一天、充满了希望的一天。"通过仔细观察和分析服务对象的语言表达,可以发现服务对象正在一点一滴地改变,从起初封闭、低落，到现在的活泼开朗。

（2）问卷法。社会工作者制定了个案服务成效评估量表，通过服务对象填写量表的形式对整个个案服务成效进行评估。从量表数据分析来看，服务对象对社会工作者的服务非常满意，对自身所发生的改变认识比较全面，服务对象认为自身在自闭心理、情绪控制和社会支持网络等方面都有了比较明显的改变，对未来生活的自信心和生活动力都有所提升。量表的内容和得分情况如下：

（1）您对整个个案服务的满意程度如何
　　　　　　　　　　　　　　10（非常满意）
（2）您认为社会工作者是否能够理解您的真实处境及感受　　　　　　　　　　10（非常到位）
（3）服务的内容和形式是否符合您的期望
　　　　　　　　　　　　　　10（非常符合）
（4）这些服务是否能够解决您的困难
　　　　　　　　　　　　　　8（绝大部分能）
（5）您现在愿意与他人结交朋友并付诸行动吗
　　　　　　　　　　　　　　8（比较愿意）
（6）您愿意与朋友分享内心的开心与不开心的感受吗
　　　　　　　　　　　　　　8（比较愿意）
（7）当您生活遇到困难时知道向哪些社会组织求助吗
　　　　　　　　　　　　　　8（基本知道）
（8）您现在感觉情绪低落的时段多吗
　　　　　　　　　　　　　　8（比较少）
（9）您现在能够接受父母去世的事实并理解他们的选择吗

8（基本能理解）

(10) 您现在对自己的未来生活是否有信心和动力

8（比较有动力）

（二）服务效能评估

社会工作者运用观察法和问卷法总结和提炼服务成效，并与预先制定的服务目标相比照，评估服务成效与预期目标的相吻合程度及各个目标的达致程度情况。通过比照，社会工作者认为基本达成双方共同制定的目标。服务对象现在能够改变自己是个被抛弃者的错误认知，对自身的生命经历有了较为全面和客观的理解，能够发现生命的意义并为之付出努力。服务对象克服了封闭的心理，学习到了情绪控制的技巧，积极与周围的人进行交往，扩大了自身的非正式支持网络。服务对象也学习到了与社会组织打交道的程序和技巧，为自身争取资源的主动性意识增强，初步建立起自身的正式支持网络。

六、结案

1. 结案原因

服务目标已基本达成。服务对象走出自我封闭的世界，敞开胸怀接纳新鲜事物，结交到新朋友，增强了社会支持网络。

2. 结案处理方式及建议

提前告知服务对象即将结案，并做好结案准备及处理好离别情绪；同时做好后期的跟进服务，定期与服务对象联系，巩固服务效果。

七、专业反思

社会救助社会工作是指在社会救助领域中，采用社会工作专业方法与技巧，为服务对象提供专业服务的过程。服务对象大多为社会支持网络较弱的弱势群体，自尊心非常容易受到伤害。在服务过程中，如果社会工作者不能严格遵守社会工作守则尊重服务对象，专业关系将无法建立，专业服务将无法开展。

适当的自我坦露，有助于建立专业关系。大多数国人受"家丑不可外扬"传统观念的影响，不愿意把家里的事说给其他人听。此个案接案之初，服务对象就不愿意把家里的事情说给社会工作者，在社会工作者适时使用自我坦露的技巧后，才慢慢走近服务对象的内心世界，与她一起体味成长的辛酸和幸福。同时社会工作者要拿捏好分寸，把持好自己的情绪，既要全身心投入，又要抽离出自己，切勿将工作关系与个人关系混淆在一起。

在专业关系中，社会工作者对服务对象情感的投入是必需的，但过度的情感投入和反移情是专业伦理所不允许的。在处理与服务对象的离别情绪时，社会工作者自己的反移情会导致自己的离别情绪难以处理，这对服务对象离别情绪的处理非常不利。服务对象过度依恋会对下一位社会工作者与服务对象关系的建立造成很大的挑战，也可能离别会给服务对象带来再一次的伤害！所以，社会工作者在提供服务的过程中要尽量避免出现反移情，有了不舍，甚至有了自责的时候，需要寻求专业督导及时进行调整，这也是专业伦理所要求的。

在此个案服务过程中,社会工作者感觉到自己所从事职业的重要与光荣。看到服务对象从低落的情绪中走出来,一次比一次开朗,尤其是在小组活动中表现出来的协作、包容、自我认同,都使社会工作者见证"用生命影响生命"的重要意义。今后社会工作者定将认真对待每个服务对象,努力做好每个专业项目,为我国的社会工作事业贡献自己的一份力量。

7. 打开枷锁　放飞心灵

一、基本资料

小朗，男，1991年生，现就读于某市区一所普通初中，因其自己的"特殊身份"，再加上不善于交际便慢慢地开始接触网络，最近已经沉迷其中。其成绩急速下滑，后来，他对学习失去兴趣，常流连于网吧和游戏机房。他母亲顾及儿子，不愿意把事情告诉忙于工作的丈夫，所以找到社会工作者，希望可以帮助她的儿子。

小朗未满1岁时父母离异，父亲因盗窃被判入狱，母亲改嫁，他从小受到母亲和养父的宠爱，母亲觉得对不起孩子，对他非常忍让。养父的关爱同样也是无微不至。自从知道与养父并无血缘关系，而亲生父亲还在狱中服刑后，小朗就开始自卑，开始封闭自己。虽然没有形式上的反叛，但是总爱一个人独自待着。刚开始还好，他还会和同学们有彼此的交流串访，但是从前一段时间开始，他就慢慢地开始沉迷网络，现在他已经不能自拔。但是较好的一点是，他和家人没有太多的对抗，只是不与家人沟通。

二、主要问题分析与预估

1. 理论基础

依据理论分析而言，人是自主、自决的，人的行为和生活方式主要是由人自己选择的，而并非如环境决定论认为的，人的行为完全受外部环境支配。人的内在的"成长动力"和"健康动力"导致人产生一种"自我认同的需要"。"自我认同"又可分为"成功的认同"和"失败的认同"。"成功的认同"是指人类有得到满足、获得成功的需要；"失败的认同"则表现为逃避现实、不负责任、孤独寂寞、对自己的行为无法有效控制。人是社会中的人，人要学会适应社会环境、学会面对现实，要从一个事物、一件事情的多个方面来分析看待；不能固定思维，更不能封闭自己；要学会在外界的社会资源中吸收可供自己正常成长发展所需的东西。

考虑到服务对象的年龄和现实中的问题，社会工作者决定采用现实疗法帮助他认识到自己的潜在能力，通过现实的真实呈现来使其看清问题的实质。如果再在此情形下采用理性情绪疗法，社会工作者担心服务对象无法在迷茫的思维中重新思考。所以，还是用事实来说话，让服务对象自己在现实中明白自己的忧虑是不必要的，上网逃避更是不对的，从而在根源上解决问题。现实疗法认为，自我认同的发展受到个人对自我的看法、个人的工作和生活经验以及与他人交往的影响。它强调人不能靠情绪产生行动，强调人应该先行动，在行动中改善情绪与观念。在治疗过程中，社会工作者是一个模范、也是一个教师，要让服务对象感受到关怀与体谅，也要对服务对象进行行为示范、指导和监督。

2. 问题分析

在服务对象母亲的引导下，社会工作者和服务对象有了第一次接触交流，经过第一次的沟通，社会工作者对服务对象的基本信息进行收集整理和分析。

依据社区居委会所掌握的资料、居委会主任对该服务对象的介绍和与服务对象的具体谈话，社会工作者初步地对服务对象进行问题评估。服务对象目前主要的问题是不敢面对自己的现实生活，在学习、家庭和交友等方面存在多重困境。其问题特殊性在于以讨厌现实、逃离现实、不愿面对现实为根源，导致自己交际的被冷落、心理上的自卑。在知道自己的真实身份后更加感觉现实不完美，一时间陷入更深的迷茫之中，无奈与无助充斥着他的内心世界。不敢面对又无法逃避的心理使他倍感孤独、寂寞和困惑，进而表现出种种异常行为。就服务对象个人而言，他自己深感痛苦，不知道该如何来处理自己内心翻江倒海般的拼死挣扎，也无法调整自己斩不断理还乱的心绪。但是有一点是肯定的，他不愿意这样下去，他希望有人可以帮助他。整个问题中应该说有两个事件参与者，他的母亲和父亲。因为事情的直接根源就在于，服务对象知道了现在的父亲——养父并不是自己的亲生父亲。所以，在社会工作者帮助服务对象的过程中应该积极地发动他们来配合服务对象，以促进服务对象尽快自己解决问题。目前而言，服务对象还没有较为外显性的异常行为出现，只是不言不语、不同周围的任何人讲话，不愿回家见到自己的母亲，不愿回想以前的事情。总喜欢一个人待着，不想去想那些让他烦心的事，虽然他做不到。这种情况自他知道了自己的真实身份后一直存在，还不太清楚是否有细微的变化。

在与服务对象的谈话中，社会工作者了解到服务对象一直希望自己的身体外貌可以变得像日本动画中的流川枫那样，拥有让人难以抗拒的青春魅力，希望自己的家人和朋友都可以更多地关心自己，同时也希望自己琴棋书画样样精通。可以说他的理想是一个十全十美的人，这是他们这个年龄独有的特征，也是他一直沉醉于青春偶像类小说的结果。他忽视了现实的不可更改性与客观性，这是他个人认识上的欠缺，也正是这样的完美心理才使他无法接受自己的真实身份。他感觉自己的最后一道防线也被突破，一直让自己感觉还算满意的家庭竟然也是这样不完美，所以他在自卑的压抑下心理世界几乎崩溃。

社会工作者不能直接介入服务对象的思想价值观的改变中，只能一步一步地引导其认识到自己的问题根源所在，并且独立地把它解决好。当然还可以充分地调动服务对象周围的有利社会资源来支持其成长，就社会资源而言，服务对象最需要的是父母的关爱和同学们的理解，需要周围的家人朋友可以主动地多给服务对象一点心理上的慰藉，让一颗颗火热的心融化他那颗有几分寒气的心。事实上，服务对象的社会资源中早就潜在地存在上述几个方面的所需资源，只是两者之间的需求关系和被需求关系没有及时积极地建立好。这是社会工作者工作的一个突破口，也是服务对象自身实现问题解决和成长的优势所在。

在对服务对象的问题及周围社会资源环境进行分析之后，社会工作者认为服务对象的生活环境并没有对服务对象造成太大的生活压力。尽管父亲不是其生父，但是除了血缘上的一点区别之外，丝毫没有一个养父的影子。母亲对他更是无微不至。双亲并没有要求他有多大的作为，只希望他可以健康快乐地成长，希望他可以懂得作为父母的一片心意。就其周围的同学朋友等人际环境而言，据其母亲和邻居的反映来看，几乎没有人知道他是离异家庭的孩子。所以，也就不存在同学、朋友们的排斥和议论。而且在沉迷于网络之前，他与周围的同龄孩子相处得还比较融洽，并没有现在这么僵硬。也就是说，在知道自己的身份后，他在心理上有了一丝的迷惑和矛盾，所以开始逃避父母的关爱，逃避同学；开始自卑封闭自己。进而在接触网络之后，便很快陷入其中，在精神上找到依托，在行为上找到新的逃避方式。社会工作者应该帮助服务对象认识到现实的真实性、不可更改性以及现实的实质性一面，协助服务对象解开心结，坦然面对自己，面对家庭和生活的现实。

三、服务计划

1. 目标

改变服务对象逃避真实生活的状态，帮助其发现自己生活的温馨，认识到自己的偏差，走回自己正常的人生轨道。

2. 具体内容

具体内容安排如下。

（1）接案：本案是在社区发掘到的个案，需要先了解基本情况，并约定上门走访的时间。

（2）初次接触，资料收集并研究。

（3）得到服务对象的信任，确认工作关系。

（4）进一步接触服务对象，切入工作重点。

（5）帮助服务对象做好接受现实的准备，并与其共同克服可能存在的困难。

（6）着重注意服务对象的心理变化，时时给予关心、引导和帮助。

（7）积极帮助服务对象与父母和周围的同学搞好交流沟通，预防服务对象可能存在的情绪波动。

（8）跟进服务，如果服务对象的状况良好，社会工作者结案。

四、服务过程

第一节：与服务对象母亲初步接触。为了得到服务对象的接纳与信任，社会工作者首先从服务对象最感兴趣的网络游戏和他的学习情况等谈起。谈话中进一步了解服务对象的情况，如对父母的态度、作息时间、兴趣爱好等。初步达成帮助的协议，并约定下次在社区和服务对象见面的时间。

第二节：首先要让服务对象接纳社会工作者，然后再慢慢了解其真实想法，包括今后对父母、学习、生活等的观点。

第三节：社会工作者在社区与服务对象谈及其对父母的看法，引导他慢慢地换一个角度分析自己。他对自己今后的一切还处在毫无目的的状态，他不想谈这方面的东西，不愿意听到关于父母的事情。社会工作者不得不采取一些"家长式干预"，并乘胜追击，提出让他尽力与父母进行一次真诚的交流。最后服务对象勉强答应。

第四节：社会工作者按约定的时间到服务对象家，社会工作者到时服务对象正在翻看学过的书本。服务对象好像有一种无奈的感觉，社会工作者在与其母亲打过招呼后便进到服务对象的房间。双方做了第一次更为深层次的交谈，同时制订了下一步的计划。

第五节：社会工作者和服务对象进行第三次交谈。按上次约定的计划，与周围的同学进行了一次正常的谈话，他很兴奋地说:"他们好像不知道我的事情,他们好像也不太在乎这样的事情。他们还很关心地问我为什么变了……"社会工作者的预期目标已经达到。

第六节:社会工作者和服务对象母亲协商,让服务对象父亲抽点时间回家,把事情慢慢地告诉他。如果有必要,社会工作者可以和服务对象见一面。

第七节:服务对象打电话给社会工作者,见面后说父亲要带他到日本出差,并且申请了半个月的假期来重新补救对孩子的"父亲过失"。服务对象说话时很兴奋,后来就有点激动了,他的声音有些沙哑。学校老师也给他了半个月的假期让他调整,并且许诺以他的智力在将来的学习中会很快赶上的。社会工作者继续进行相关的鼓励。

第八节:社会工作者在社区举行了"珍重"告别社区欢送会。社会工作者给服务对象打通电话,他正在与自己的家人享受幸福生活。我们告诉他应该多和自己的父母交流沟通,要多与周围的同学互动,同时也祝福他可以更好地生活。

初次谈话时,服务对象的状况还算正常,他也乐意接受社会工作者的帮助。总体而言,谈话中服务对象处于被动状态,社会工作者提到哪个话题,他就会跟到哪里。其中有几次服务对象讲话很激动,他对社会工作者的帮助也十分积极地配合。他没有做出排斥的行为活动,而且彼此基本上了解对方,就服务对象自身问题的相关信息资料收集来讲,也基本上达到预期的目标。在初步评估(服务对象问题的初步分析)的基础上,社会工作者进一步分析服务对象的问题,服务对象性格内向,在生活中不爱说话,不善交际。自己爱好青春偶像剧类的流行言情小说，对理想自我的向往几乎完全依托小说中的主角。这一点一直在服务对象心中积累，直到其发现连自己最信任、最依赖的家庭、父母竟然也是那样不"完美"，所以服务对象在这一事实面前突然陷入迷失的境地。但是服务对象又无法从心底怨恨自己的父母，毕竟这只是服务对象的一种错觉、一时的心理偏差，只有借网络来慰藉自己。这也是服务对象当前的迷茫状态。

第二次谈话时，社会工作者主要了解了服务对象当前的想法和与父母关系的改善发展，并且协助他制订下一步的实施计划。第二次谈话感悟：此次谈话比上次要顺利得多，谈话的目标是帮助服务对象认识问题的实质，发挥自身解决问题的潜力。这一预期的目标也基本实现，服务对象自己的成长动力很强。谈话的内容主要是围绕影响和产生目前问题的因素，帮助服务对象认识到这些诱因的存在，使其有意识地去解决此类问题。

第三次谈话时，服务对象的情况有了较大改观。说话的语气有了变化，不再低沉没有生气，而且脸上的表情也丰富起来，动作也多了许多。总之，进步是非常明显的。谈话中社会工作者主要听取了服务对象对上次的几个问题的思考，并且进一步在思想意识上帮助服务对象认识到问题的可以解决性。

第四次谈话时，服务对象已经在思想意识上完全认识到自身的不足之处和根源所在，而且已经有了很大程度的进步。服务对象主动提出再联系社会工作者，这就是一个进步的表现，相信他可以走好后面的道路。顺利的结案对社会工作者也是一件值得高兴的事情。经过四次谈话，服务对象在思想意识上有了很大提高。他从一片迷茫的矛盾心情中走向开朗；从险些陷入网瘾的边缘回归到自己温暖的家庭。刚开始他十分无奈，面对现实无能为力，在社会工作者的帮助下，他开始渐渐走出被动、躲避。他慢慢认识到自己目前的问题实质，开始分析导致自身问题的因素，最终也发觉自己的不足所在，从而进一步挑战自己的弱点，走向积极实现自我、完善自我，健康成长的目标。

五、服务成效评估

就服务对象的问题来看，经过社会工作者这段时间的工作，服务对象对自己的生活有了新的目标，并不像前段时间那样迷茫。服务对象的心理问题也一天天好转，已有回归家庭正常生活、参与社会正常生活的表现。根据服务对象的实际情况，社会工作者认为没有必要再调整计划继续做跟进的工作。居委会的工作人员一致认为服务对象变了很多，看到人不会低着头，也会有礼貌地与人打招呼了，那是自信和交际在逐渐恢复的表现。

六、个案服务反思

（1）社会工作者不宜采用"高压式"的指导方法，这会降低服务对象的自决。

（2）针对服务对象的不成熟，社会工作者要投其所好，根据服务对象的喜好进入他的生活，再慢慢引导他。社会工作者要时时关注服务对象的心理变化，尽快获得服务对象信任，巩固彼此之间的关系。

（3）社会工作者应该学会让服务对象剖析自己，让他亲自面对现实。要培养其面对现实的能力，学会在遇到挫折时从多角度出发去思考，学会向外界求助，学会正确、客观理性地分析问题的实质，从而提高自己对社会的适应能力，实现自己的健康成长。

（4）作为社会工作者，必须有预见性的准备，要有能力引导服务对象的讲话，不能毫无目的地随服务对象讲。这就要事前准备谈话的主题和需要信息。

除此之外，社会工作者自我评估如下：在整个活动中，始终以积极的、平等的态度对待服务对象；严格遵守社会工作者的职业道德操守；合理运用个案工作技巧，包括交流技巧、解决问题技巧、改变行为技巧。利用倾听、引导、反馈、总结、打断等沟通技巧；理论联系实际。运用危机介入模式中的人格理论、学习理论，行为治疗模式的认知学习理论；较好的应变能力和良好的沟通能力；在协助服务对象实践学习计划时要应用行为更易法的学习理论；应该多些协助服务对象从不同的角度考虑别人的想法和目的。

小组工作案例

8. "携手同行 不再孤单"事实孤儿照顾者支持小组

一、背景介绍

"事实孤儿"即"事实上无人抚养的儿童",2014年民政部曾对其进行了界定,"主要是指父母一方死亡,另一方放弃了监护责任,或父母一方服刑,另一方离异,放弃对儿童的监护责任等"的孤儿。根据民政部社会福利和慈善事业促进司的统计,截至2014年2月,"事实上无人抚养的儿童"全国抽样大约有61万人。家庭破碎对于未成年人来讲是一个悲痛事件,对于那些在法律上必须承担代养义务的家属(绝大部分是祖父母和外祖父母)而言更是一段漫长的日子。在家庭发生突发事件后,事实孤儿及其家属肩负多重角色与责任,照顾压力、情感痛苦、分离焦虑、孤独感等不堪重负。这不仅影响事实孤儿家属自身的身心健康,也会影响事实孤儿的生活质量。如何减轻他们的心理和情绪压力,帮扶他们建立科学的照顾方法,增强他们的自我效能感和自助能力,强化事实孤儿家庭自身社会支持,增强自己适应生活的能力和持续发展的能力等是我们亟须努力的方面。此实务研究是基于民政部第二批全国未成年人社会保护在湖北省X市示范点的服务实践。

二、分析预估

(一) 理论支持

(1) 马斯洛需求层次理论（Maslow's hierarchy of needs）。该理论是由美国心理学家亚伯拉罕·马斯洛于1943年在《人类激励理论》一文中提出的。他将人的需求由低到高分为生理需求、安全需求、爱与归属需求、尊重的需求、自我实现的需求等五个层次。按照该理论，人都有归属群体，都希望得到他人的关爱和支持的需要，事实孤儿照顾者一方面因维持家庭日常生活和照顾事实孤儿劳碌奔波而疲惫不堪，另一方面因家庭出现重大事件导致原有的社会关系断裂而留下心理暗殇。

(2) 社会支持网络理论。社会支持是一组由个人接触所构成的关系网，透过这些关系网个人得以维持其认同，并获得情绪支持、物质援助、服务、信息、新的社会接触等。社会支持网络的基本假设是：人类的生存需要与他人合作，需要依赖他人帮助；人类生命发展历程中都会遭遇一些可预期或不可预期的生活事件；需要资源来应对伴随事件而来的问题。社会支持网络就是资源，个人应该通过与他人连接，构筑社会整合感，缓冲生命负面事件带来的压力和影响，提高整合资源解决问题的能力。社会工作者通过运用小组工作方法，整合小组资源，构建事实孤儿家庭照顾者社会支持网络。通过小组工作将照顾者连接到一起，方便在日后的生活中一起面对压力事件，提供情感支持，形成互助网络体系，链接社会资源，有利于小组成员日后的生活和成长。

社会工作服务作为一种正式的社会支持网络可以在事实孤儿照顾者小组中发挥两个作用：一方面，以其掌握的社会资源为受助者提供直接帮助，以满足受助者当前比较紧迫的需求；另一方面，帮助事实孤儿家庭及照顾人补足和扩展其非正式的社会支持网络，帮助受助者提高建立和利用社会支持网络的能力。事实孤儿照顾人在小组活动中通过与他人的交流沟通，获得一种情绪上的支持并形成一种社区层面的支持网络，对于帮助事实孤儿成长有积极意义。

（3）优势视角理论。优势视角是一种关注个体的内在力量和优势资源的理论视角。该理论强调"即使是最可怜的、被社会所遗弃的人都具有内在的转变能力"，认为应当把人们及其所处环境中的优势和资源作为助人过程中所关注的焦点，而非关注其问题和病理。它强调对服务对象自我能力的提升，因此优势视角的社会工作实务是一个增能的过程。事实孤儿属于社会中的弱势群体，事实孤儿家属也认为自己是弱势群体的一部分，在长期的照顾工作中，看不到生活的希望，容易形成负面情绪，如消极的自我概念、自我掌控感怀疑、自我边缘化心态等。事实孤儿照顾者虽然面临很多困难，但是每位事实孤儿及其家属身上都具备自身的优点，如坚韧、能吃苦、有牺牲精神、关心照顾他人等。

通过小组社会工作方法介入服务，引导事实孤儿照顾者从这种压抑的情绪中解放出来，远离受害者的思维定式，摒弃不合理的信念，引导事实孤儿照顾者挖掘自身的优势，积极应对问题，培养自尊心、自信心以及积极面对生活的心态。

(二) 需求预估

(1) 建立自尊自信的需求。因事实孤儿家庭特殊的过往事件,导致事实孤儿受到来自熟人社会的冷遇。邻居、老师及朋友的疏离与"同情",让事实孤儿感受到与"常人"的不同。羞耻感会让他们附和外界的态度产生自我否定意识,并形成过低的自我评价,丧失自尊心。小组社会工作就是要通过营造一个接纳和宽容的气氛,形成"我们都是同类人"的身份认同,表达支持理解,分享困难境遇,建立自尊自信。

(2) 宣泄心理压力和获取情感支持的需求。对于事实孤儿未来生存状况的担忧,对于自己身体的担心,对于教育孩子没有信心,当前面临的经济压力等使事实孤儿照顾者背负多重压力,产生大量负面情绪,存在焦虑、恐惧等心态。社会工作者应该提供适当的心理支持,帮助他们缓解压力和焦虑等心理问题,让他们树立信心,学会正确认识与看待家庭状况,活在当下。

(3) 获得特殊教育知识和培养孩子自理能力的需求。几乎所有的事实孤儿的家庭照顾者都有培养孩子自理能力的需要,他们担心自己的孩子不能正常成长,害怕他们在自己走后无法生存,迫切希望教会孩子独立自强。社会工作者通过设计小组活动,探讨抚育孩子问题,促进经验积累。

(4) 获得社会支持的需求。事实孤儿家庭照顾者和其他正常家庭的照顾者相比,因年迈体衰,无学历、就业上的竞争优势,面临更多来自照顾孩子和经济生活的压力。因此,需要帮助他们发展支持系统，以他们的同质性遭遇及自身的优势和资源来帮助自己，从而能够更好地生活。

三、服务计划

（一）小组理念
通过小组活动方法使事实孤儿照顾者能够在具有同质性问题的小组中获得自尊自信，释放压力和情绪，分享信息和经验，通过互动增强个人的能力，实现互相支持及自我依靠的理念。

（二）小组性质
事实孤儿照顾者支持小组。

（三）小组目标
1. 总目标

通过小组活动，培养事实孤儿家庭照顾者的自尊感和归属感，树立自信心，促进照顾者赋权增能，构建事实孤儿照顾者社会支持网络，提高事实孤儿家庭生活质量。

2. 具体目标

（1）搭建一个可以舒缓压力、释放情绪、无歧视性沟通平台，表达同理心，在相互关怀和互相理解的关怀性环境中，增强"我们在一起"的归属感和自信心。

（2）倡导通过优势视角来看待问题，引导事实孤儿照顾者发现自己和孩子的优势，学会用积极的态度面对处境和遭遇，提升自我价值感和抗逆力，形成理性乐观的生活信念。

（3）协助解决照顾者当前的实际困难和需要。通过小组交流看法以及探讨生活问题，交流照料经验和培养孩子自立的经验，获得更多生活经验。

（4）建立事实孤儿家庭照顾者社会支持网络，提高他们建立和利用社会支持网络的能力，共享社会政策、就业方面的社会资源和信息。

（四）小组服务对象

由12名事实孤儿照顾者组成（最初机构和救助站联合做困境未成年人筛查排除工作时发出邀请，然后是由社区专职干部介绍并电话通知来的）。

（五）小组服务时间与程序

时间为2015年4~6月，每周六下午15:30~17:00，共5节（小组具体活动时间见每次活动安排）。

（六）小组服务计划

1. 第一次小组活动内容（见表8-1）

时间：第一周周六下午15:30~17:00。

地点：X市幸福社区爱心驿站。

工作人员：社区专职干部1名，社会工作者2名，志愿者4名。

活动目标：（1）让小组成员了解小组的目的；（2）让小组成员初步建立关系；（3）让小组成员放松心情，开始投入小组活动。

表 8-1 第一次小组活动

活动名称：相见一家亲

活动目标	活动内容及步骤	所需物资
介绍社会工作者的角色，使大家了解社会工作者，明确小组目标	由幸福社区专职干部首先发言介绍社会工作者的身份和角色，随后由社会工作者介绍开展小组活动的背景、本次小组活动的内容和目标	活动简介纸1张；活动协议纸1张；大彩纸板1张；小纸片若干；签字笔若干；剪刀1把；胶带1卷；相机1个；音响1台；U盘1个；问卷15份
促进组员互相认识，建立组员间及组员与工作人员的信任关系，形成小组团体	主题活动：名片接力 1. 让组员将自己的名字写在卡片上； 2. 打乱顺序再发给组员，并让大家逐一念出自己卡片上的名字。被念到名字的人首先要作简单的自我介绍，然后再念自己拿到的卡片，直至所有组员介绍完为止。 主题活动：寻找另一半 1. 将拆分的成语分别写在两张纸片上（如"同舟共济"可以拆分成"同舟"和"共济"），保证纸片数目与组员数目相等； 2. 将纸片随意打乱，每位组员随机抽取一张，然后找自己的"同伴"； 3. 当自己找到另一半后，要相互作自我介绍； 4. 邀请组员介绍自己的卡片，向小组成员介绍对方	
订立小组契约，增强组员对小组活动的投入	主题活动：共植"契约树" 1. 让组员提出对小组的期望和希望，制定小组规范； 2. 社会工作者协助组员将组员的期望写在纸片上； 3. 请组员将纸片贴在画有彩色大树的树干或树枝上； 4. 将"契约树"搁放在活动室醒目位置，以便组员能随时关注	
消除组员之间的隔阂和陌生感，奠定轻松的小组工作基调	主题活动：开心按摩 1. 播放轻音乐； 2. 小组成员围成一圈，伴着音乐围圈走动，走动的过程中帮前面的人捶背4次以上； 3. 活动结束后组员分享感受	
组员分享小组感受，社会工作者总结	主题活动：有话大声说 1. 组员用一句话表达小组感受（志愿者记录）； 2. 工作员回顾本次小组活动内容及介绍下次活动内容； 3. 填写活动评估问卷	

2. 第二次小组活动内容（见表 8-2）

时间：第二周周六下午 15:30～17:00。

地点：X 市幸福社区爱心驿站。

工作人员：社会工作者 2 名，志愿者 4 名。

活动目标：(1) 促进小组成员之间相互沟通和了解，建立互助关怀的小组气氛和信任关系；(2) 增加组员对小组的认同感和归属感，初步建立小组内部人际关系网络。

表 8-2　第二次小组活动内容

活动名称：我们在一起

活动目标	活动内容及步骤	所需物资
推动小组活动，奠定信任尊重的小组氛围	1. 社会工作者再次简单介绍自己，激发大家的积极性，对大家的再次参与表示肯定和赞赏； 2. 回顾上次活动，并询问上次家庭作业的完成情况； 3. 阐明本次小组活动的目标	眼罩若干；障碍物若干；礼物若干；视频播放器 1 台；相机 1 部；音响 1 台；U 盘 1 个；问卷 15 份
进一步加深组员之间的相互认识，增进组员的沟通和了解	主题活动：同心圆地 1. 将所有组员排成两个同心圆，伴随音乐走动，一个向左边走动，一个向右边走动； 2. 音乐停下时，面对面的两个组员要做自我介绍，如果介绍不出来，则要给对方一个握手的动作，然后由对方作自我介绍	
通过讲述生命类似遭遇，建立共同体理念，形成共鸣，增强小组的凝聚力和归属感	主题活动：说出你的故事 1. 引导组员说出自己和孩子的故事或者印象深刻的事情； 2. 引导组员回应和支持，彼此分享自己的故事； 3. 引导组员为他人的境遇表示关心和同理，并为同伴的勇气和责任表示赞赏	
构建小组成员的归属感，让组员感觉到在困难的路上自己不再是孤单的一员	主题活动：播放视频《风雨同路人》 1. 组织组员观看视频； 2. 引导组员进行个人观后感分享和剖析，社会工作者进行总结	
组员分享小组感受，社会工作者总结	1. 鼓励组员表达对这次活动的感受，促进组员之间的沟通； 2. 社会工作者简单总结本次活动； 3. 填写活动评估问卷	

3. 第三次小组活动内容（见表 8-3）

时间：第三周周六下午 15：30～17：00。

地点：X 市幸福社区爱心驿站。

工作人员：社会工作者 2 名，志愿者 4 名。

活动目标：（1）鼓励大家说出内心的真实感受及面临的困难，释放心里的压力和情绪；（2）通过分享倾诉提高组员的归属感，小组凝聚力增强。

表 8-3　第三次小组活动内容

活动名称：活在当下

活动目标	活动内容及步骤	所需物资
回顾上次活动，社会工作者介绍此次活动的内容和目的	小组主持人引导组员回顾上次活动安排，引出本次活动安排	各类水果若干；泡泡图纸若干；彩笔；A3 纸张；视频播放器 1 台；相机 1 部，音响 1 台，U 盘 1 个；问卷 15 份
热身游戏	主题活动：水果篮子 1. 游戏分六组进行，两人为一组，每组组员自行协商选取一种水果代表自己的组； 2. 用口诀并配以动作，如"苹果蹲，苹果蹲，苹果蹲完橘子扭秧歌"； 3. 游戏完成后组员间一起分享水果	
引导组员正视自己面临的各种压力，认清压力来源	主题活动：直击"泡泡" 1. 发给每人一张大小不一的泡泡图，其中大的泡泡填写大的压力，小的泡泡填写小的压力； 2. 小组工作者引导组员讲述大小泡泡所代表的压力各是什么； 3. 邀请组员分享自己在照顾事实孤儿过程中遇到的烦恼和无助的情况以及应对方法	

续表

活动目标	活动内容及步骤	所需物资
引导组员释放情绪，学会和分享正确地处理压力和烦恼的方法	主题活动：撕"压"行动 1. 给每位组员发放一张空白 A3 纸和一支彩色笔； 2. 要求组员随意在纸张上描绘和记录一直或现在令自己特别烦心的事情； 3. 任由组员撕碎这张代表压力和烦恼的纸张。集体讨论：如何减轻压力？ 主题活动：佳木斯广场舞 1. 播放音乐，示范佳木斯跳法，请所有组员随音乐跳动； 2. 结合上一节的活动，社会工作者与组员共同总结减压的方法与技巧	
组员分享小组感受，社会工作者总结，布置作业	1. 鼓励组员表达对这次活动的感受，促进组员之间的沟通； 2. 社会工作者简单总结本次活动； 3. 填写活动评估问卷； 4. 布置作业：想想自己和孩子的优点	

4. 第四次小组活动内容（见表8-4）

时间：第四周周六下午 15:30~17:00。

地点：X市幸福社区爱心驿站。

工作人员：社会工作者2名，志愿者4名。

活动目标：（1）运用优势视角挖掘小组成员和事实孤儿的优点，提升自尊心和自信心；（2）在积极整合的小组气氛中，大家总结良好的生活态度和照顾经验；（3）增加关于事实孤儿抚育的知识。

表 8-4 第四次小组活动内容

活动名称：我真的不错

活动目标	活动内容及步骤	所需物资
回顾	1. 回顾上次活动； 2. 让组员分享自己上次活动后，在日常生活中运用情绪管理和减压方法方面取得的效果	
热身活动并体验常式思维的局限性、另类思维的奇妙性	主题活动：官兵捉贼 1. 在白色纸片上分别写上"官、兵、捉、贼"字样； 2. 4人为一组，将4张纸折叠起来，参加游戏的4个人分别抽出一张，抽到"捉"字的人要根据其他3个人的面部表情或其他细节来猜出谁拿的是"贼"字，猜错的要罚，由猜到"官"字的人决定如何惩罚，由抽到"兵"字的人执行； 3. 引导组员讨论：是否大家在游戏过程中都不愿意当贼？这仅仅只是一个游戏，进而讨论为什么有这种想法？	
从强调优点中促进个人自尊和追求个人成长的动机，增强组员的自信心和自我认同感，重拾生活的勇气	主题活动：优点大轰炸 1. 每位组员轮流站在中间成为大家轰炸的对象，其余的组员就将其优点和赞美写在一张白纸上； 2. 在每个组员都成为轰炸的对象之后，将写满优点的纸张贴在该组员背后； 3. 主题讨论：社会工作者引导组员分享在日常生活中，是否忽视了自己和孩子的优点，是否是用消极的态度来面对生活？此时此刻的体会感受是什么？ 4. 引导组员记录自己的消极态度及在生活中出现的频次； 5. 分享组员讨论出来的积极向上的态度和合理的信念	小纸片若干； 《养育手册大全》20份； A3纸张； 相机1部； 问卷15份
协助组员掌握抚育和照料事实孤儿方面的知识，有针对性地解答他们生活中遇见的难题，满足组员需求	主题活动：非常阅读 1. 给每位组员发放一份精心编制的《养育手册大全》（分为：安全篇、教育篇、营养篇）； 2. 播放录制好的光盘，让大家仔细聆听手册的内容 主题活动：你说我听 1. 工作员引导组员分享自己照顾孩子的经验和在日常生活中遇到的困难； 2. 请大家一起探讨，提供建议和对策； 3. 社会工作者做经验梳理和总结	
强化组员自信心和自尊感；为小组结束做好心理准备	1. 小组工作者总结本次小组活动，并对组员表现出的良好行为表示赞赏； 2. 提前告知成员下次将结束小组活动	

5. 第五次小组活动内容（见表8-5）

时间：第五周周六下午 15：30～17：00。

地点：X 市幸福社区爱心驿站。

工作人员：社会工作者 2 名，志愿者 4 名。

活动目标：（1）回顾和巩固前四次小组活动的成果；（2）处理离别情绪，鼓励小组成员独立；（3）树立自信心，展望未来。

表 8-5 第五次小组活动内容

活动名称：一路有我

活动目标	活动内容及步骤	所需物资
巩固小组成员的改变与进步	1. 工作员带领大家一起浏览"成长档案""成果树""幸福时光"照片展； 2. 让组员回忆几次小组活动内容，搜寻小小的改变	彩色卡片； 照片； 眼罩； 大白纸1张； 视频播放器1台； 相机1个； 音响1台； 剪刀1把； U盘1个； 问卷15份
引导组员体验信任与被信任的心理感受，认识相互陪伴和互相支持的好处	主题活动：盲人旅行之泰囧 1. 两人一组结伴旅行，一人充当盲人，一人充当向导； 2. 首先让充当盲人的组员在没有任何提示和帮扶的情况下穿越障碍物； 3. 要求向导搀扶盲人的手，通过语言指导盲人穿越障碍物，到达目的地； 4. 游戏结束，引导组员分享与讨论：一个人在黑暗的世界摸索前行的感受及有他人帮扶的感受； 5. 社会工作者总结在生活中互相支持的重要性和必要性	

续表

活动目标	活动内容及步骤	所需物资
巩固组员参加小组活动的收获，增加组员对于未来的信心，为未来注入动力和希望	主题活动：成果大拼盘 1. 准备一张大白纸，并按扇形图分若干部分剪开； 2. 邀请每位组员说出自己参加小组以来的收获； 3. 引导小组组员将小组中获得的正向经验和成长在小扇形纸上写下来（需要志愿者协助）； 4. 写完后邀请组员按照原貌拼起来	
	主题活动：希望之墙 1. 要求成员对于自己和孩子的未来希望写在彩色卡片上（志愿者协助）； 2. 再将这些卡片呈心形贴在墙上； 3. 大声朗读"我的希望"3次	
强化组员之间建立的友谊和联系，并将这种联系运用到生活中	主题活动：爱在离别时 1. 给每人发一张卡片； 2. 倡导组员在卡片的一面写上姓名、电话等，另一面写上祝福其他组员的话语； 3. 播放《蜗牛》音乐，伴随音乐组员互赠卡片	
评估小组活动效果，处理离别情绪	1. 填写小组活动评估问卷； 2. 小组工作全体成员合影留念； 3. 小组成员自由交谈，互道离别衷肠	

四、服务计划实施过程

（一）相见一家亲（信心篇）

这次活动是小组第一次活动，组员不甚了解，沉默的气氛笼罩在活动室上空，小组社会工作者在组织社区专职干部进行引荐介绍及自我介绍后，介绍本次小组活动的目的，马上秀出设计新颖的"名片接力"引导组员互相认识，随后，在"一起学，一起做"环节，社会工作者教组员学习保健操八段锦，让组员身体放松。之后，开展"慢性病知多少"主题分享活动。社会工作者利用分组游戏将组员分成两组，采用参与式的方式，每组选出记录者和分享者，在小组内根据提纲讨论，获取最后讨论结果，并由每组分享者分享讨论内容。讨论结束后，社会工作者总结讨论结果，通过这种方式让组员了解慢性病，并使其树立战胜慢性病的信心。最后，社会工作者鼓励组员同他一起喊出相信自己的话语，教组员齐唱《我相信》，并宣布本次小组活动结束。很多组员觉得这样的活动形式很有帮助，还让他们认识了很多新朋友。

（二）我们在一起（交际篇）

再次活动时，彼此间的陌生和羞涩有所缓解，但经过一周时间，彼此又有些隔阂，组员的熟识度和"我是圈中人"的归属感有待进一步加深。在活动开始，小组社会工作者对小组成员积极参与小组活动的热情给予肯定，有助于促进小组组员投入小组活动。"同心圆地"有利于促进组员之间的进一步沟通，而接下来的"说出你的故事"环节使大家深深感受到共同体命运，彼此相似的经历让大家的心走得更近。组员这时表现得更加愿意袒露，更加愿意分享。紧接着的《风雨同路人》则引起大家情感共鸣，大家都感受到"我们在一起"。

（三）活在当下（减压篇）

作为照顾者的组员事实上也是需要别人照顾的对象，他们承受的苦闷、压抑和压力可想而知，长期累积的情绪需要一个宣泄的窗口。本节小组活动由轻松愉快的"水果篮子"开始,打破沉闷的气氛。接着动静结合,引导组员"直击泡泡",直接面对和探索生活中的压力,再通过"撕'压'行动"来共同探寻:为什么要释放压力?如何理性为自己减压?比如和他人聊天,比如将压力揉成纸团狠狠地丢掉等。

接下来的《佳木斯广场舞》使组员们在讨论环节的紧张情绪得以舒缓。本节活动以布置"寻找优点"作业结束。

(四) 你真的不错 (增能篇)

在小组组员建立熟悉的人际关系、压力得以释放、小组进入后期成熟期以后,必须传递出小组活动最富有意义的内容,即要为这些"弱势群体"增能。"官兵捉贼"给组员抛出一个悬念:我们的思考和认知为什么有如此的局限,原因在于我们不会用另类思维看待问题。接下来的"优点大轰炸"则把组员的热情和信心点燃,让组员认识到:就算最卑微的个体也有金光闪闪的一面。之后组织的"非常阅读"和"你说我听"两个主题活动让大家狠狠地补了一把抚育知识,积累了很多生活经验,促进了组员以后独立生活和处理困难的能力。

(五) 一路有我 (总结篇)

这节小组活动接近尾声,最重要的任务是巩固组员在小组中学到的经验和知识,强化服务成效,同时处理组员在小组结束时所表现出来的离别情绪。小组社会工作者首先带领组员回顾整个小组活动过程,肯定他们的成长和改变。又通过"盲人旅行之泰囧"主题活动进一步增强小组组员无论是在小组内还是小组外相互支持的理念，并慎重写下对未来的承诺。互相赠送祝福卡片后，组员马上意识到小组活动即将结束，都流露出不愿和大家分开的情感。组员在社会工作者的开导下明白小组的结束并不代表大家建立的关系走向终结，最终表示释怀，并愉快合影留念，记录下这美好的一刻。

五、总结评估

小组目标实现与否是检验小组活动有效与否的关键。为了实现小组活动方案在实施之前所制定的目标，小组在活动每个环节都作了相应的测量和评估，结合过程评估和结果评估两种方式，采用问卷法、访谈法、观察法以及活动档案记录法等对小组以下内容进行评估。

（一）评估参与人员：社会工作督导、社会工作者、志愿者和小组成员（事实孤儿照顾者）

社会工作督导具有丰富的社会工作知识和经验，通过督导作出肯定或否定的评估，使评估更科学更专业，同时能促进小组社会工作者成长。社会工作者在每次活动后的自我反思笔记，或褒或贬，都可以作为小组评估的见证物。志愿者作为协助小组社会工作者的角色，他们参与小组的作品——照片、小组活动情况记录表以及以旁观者的姿态观察到的组员表现都可以有效评估小组活动开展情况和效果。组员参与度、参与感受和效能最能直接反映小组活动成效，他们在评估中具有最权威的话语权。

（二）评估方法：问卷法、访谈法、观察法以及活动档案记录法

为了使评估更客观科学，在小组活动初期，社会工作者要求事实孤儿照顾者填写前测问卷；在小组活动结束期，又要求他们填写后测问卷；在每次小组活动过程中，都以定量问卷及测评去考核事实孤儿照顾者的感受和满意度，收集服务对象对本次活动的感受和建议来适当调整小组的目标和进程。同时，社会工作者又通过访谈和观察等定性的方式去捕捉那些沉浸在事实孤儿照顾者最真实的"心里话"来弥补问卷评估的不足。除此之外，还用《小组活动情况记录表》、成果图、照片真实记录当时小组活动的过程和原貌。

（三）评估内容：活动成效评估、满意度评估、社会工作者自我评估

1. 小组服务成效评估

通过五次精心组织的小组活动，小组工作的具体目标基本实现：第一，在重塑自信和提升对自我的认知方面，组员通过参与小组活动结识境遇类似的朋友，彼此分享感受，倾吐心声，相互肯定和赞赏在照顾孩子过程中表现出来的努力和责任，引导发掘优势，积极发现孩子和自身优点，提升了服务对象应对未来生活的信心和勇气。第二，在缓解压力和宣泄情绪方面，小组通过组织活动让组员探索压力源，宣泄内心的无助感和苦闷。另外，引导他们正确认知自身情绪，探索理性的压力释放和情绪管理的方法,提高了在困境中生活的抗逆力。第三,在解决事实孤儿照顾者实际需求方面,小组招募了两名在校大学生充当志愿者为服务对象家庭提供课业辅导,帮助一名服务对象解决孩子就近上学的政策咨询,在小组中获得照顾孩子的经验、抚育资料及遇见困难时应该寻求帮助的途径。第四,在构建社会支持系统方面,通过倡导互帮互助和善于借力理念,充分认识到共同解决问题的优势,强化了社会和同辈支持、寻求资源等观念,表示出参与社区、扩大社会交往的意愿。通过小组服务跟进,发现有的照顾者在小组结束后,依旧在保持联系,并有良好的互动,甚至还相互探访。这无不说明本次活动效果显著。

2. 组员的满意度评估

通过前后测问卷,根据前后测结果对比来评价小组活动是否成功。调查结果显示,在未参加任何小组活动前,12名小组组员均表示不知道什么是社会工作和小组活动,50%的组员认为是走过场,没有实际意义,还有50%的组员采取观望和抱着试试看的态度。通过后测问卷,100%的组员认为社会工作者"能理解人、很和善",95%的组员对于事实孤儿照顾者支持小组的活动很满意,希望以后还能得到社会工作者的帮助,100%的组员都表示心情比参加活动之前好很多,给了自己很多自信。93%的组员认为活动安排合理、考虑到了绝大部分参与者的老年特征,易于参与,仅1人认为写的内容稍微偏多,应该以游戏替代。11名组员对小组活动的整体评价为"非常满意",1名组员的评价为"满意"。从评估结果来看,组员对于小组的满意度是非常高的。另外,影像文字资料也均能反映组员在小组活动过程中投入了感情，表现出极大的兴趣。

3. 专业方法运用评估

从整个活动设计来看，活动内容由浅入深，每节活动主题鲜明。社会工作者能运用小小鼓励、同理心、倾听和表达关注等技巧，熟练掌握小组活动起承转合和促进小组进程，但在处理组员沉默、打破僵局和引出深入的讨论话题等方面能力显得不足。

六、专业反思

这次为事实孤儿照顾者提供服务的经历对于社会工作者来说是一个成长的过程和一次心灵的洗涤。社会工作者一起为他们取得的小小改变欣喜雀跃，为他们遭遇的困境心酸难过，这期间有过遇见困难的摇摆和彷徨，但最终还是坚持了下来，坚定地和他们在一起。因为，作为社会工作者，不会轻言放弃。

1. 强化"助人自助"服务理念，提倡服务对象"增能"

事实孤儿照顾者是弱势群体，他们有很多需求亟待解决，比如经济上的困难，残疾孩子需要医疗帮扶，孩子学习不好自己又无法辅导等。在小组活动开展初期，有很大一部分服务对象将社会工作者看作解决他们实际困难的"大救星"，围着社会工作者不断地追问：活动结束后是不是可以从社会工作者这里得到一笔钱，社会工作者可不可以为他解决孩子的学费，诸如此类问题。作为社会工作者，面对他们渴盼的眼神不能头脑一热，马上拍胸脯跟他们保证解决某些困难，实际上既不现实也会带来很多消极影响，因为答应过的承诺没有做到，不仅有失社会工作者及其机构的威信，而且会给组员造成依赖思维定式。合适的处理方式是引领他们自己去探索解决问题的途径，以及解决这个问题可能运用到的资源，促进他们自身解决问题的动机和能力，所以在提供服务过程的始终，都要关注服务对象能力的提升，做到助人自助，为服务对象"增能"。

2. 结合小组活动目标，及时总结，提升小组活动的意义

总结是小组过程结束后经常采用的一种手段，也是社会工作者必备的技巧。在小组工作过程中，一个环节快结束时总结非常重要，总结既是对此环节理念的提升，也是对在这个环节中传达理念的再次强化。例如，在"盲人旅行之泰囧"活动全部结束后，社会工作者会对这个活动所传达的意义做一个总结：地上的障碍物就如我们前进道路上碰到的困难，大家都不知道前方的道路会有多少艰难险阻等着我们，在我们碰到困难的时候，如果一个人去面对时就如我们自己跨越障碍物一样，心里总是担心、害怕、犹豫，甚至是不敢往前。但如果旁边有人帮扶，则会充满力量，也会轻松许多。因此，我们在今后的生活道路上碰到困难时，要学会寻求帮助，从身边的资源、从最亲近的人开始，寻求他们的支持、理解和帮助，这样我们的路会走得顺畅些，生活也会容易很多。

3. 选择服务对象易于接受的方式沟通

对于任何服务对象而言，都有与他人不一样的特点。在小组活动伊始，因为考虑到年龄和性格因素，社会工作者没有去选择一般的"破冰游戏"，而是通过志愿者协助事实孤儿照顾者写下名字的方式，增加人与人联系的联络感情后再作自我介绍，事实证明这样的选择完全正确。既显得尊重又

不突兀，而且很多活动内容都是按照组员年迈特征来设计的，比如互相按摩、佳木斯舞蹈等。因为服务对象是受过生活创伤和备受生活压力的群体，他们的内心更渴望安慰和情感支持，所以在整个活动过程中，社会工作者一直用"我们"来代替"你们"或"大家"，这样做的目的在于使社会工作者的服务对象更能感受到"我们在一起"，获得情感共鸣与支持，增加他们面对困难的信心和勇气。

9. 我生待明日，万事成蹉跎
——大学生行动力提升小组

一、小组背景

在大学校园里，我们会发现，很多大学生日常生活中做事情的时候总喜欢拖拉，喜欢把今天可以完成的事情拖到明天去做，把当下可以做完的事情无期限往后拖延，日积月累，人不自觉就会产生一些惰性。糟糕的是很多大学生将这种在日常生活领域的拖延惰性带到学业上，并没有明确意识到这种坏毛病给自身成才成长带来的不利影响，导致不思进取，浪费时光，进而导致很多学习计划流产、学业荒废，意志消沉，给心灵蒙上了厚厚的阴影。大学生行动力提升小组的设计旨在为大学生提供一个平等轻松的平台，通过大学生参与式的互动，帮助在校大学生清楚地认识到拖延的成因及其可能带来的危害，正确规划时间，改变自己拖延的态度，从而做到在行动上有所改变，做一个执行力和行动力迅速的人，努力做到今日事今日毕。

二、小组的目的和目标

1. 总目的

改善组员的态度和行为，提高其做事效率，增强自身当下做事的决心和行动力，做到今日事今日毕。

2. 具体目标

（1）帮助组员分析过往思想、行为与习惯的合理性与合法性，形成对自我的正确认知，让组员认识到拖延的成因。

（2）学会如何规划时间，掌握合理规划时间的具体策略和技巧，做时间的管理者和掌控者，合理利用时间。

（3）增强行动能力和做事的能力，形成今日事今日毕的生活态度。

三、小组理论构架

1. 社会学习理论

社会学习理论是由美国心理学家阿尔伯特·班杜拉（Albert Bandura）于 1952 年提出的。它着眼于观察学习和自我调节在引发人的行为中的作用，重视人的行为和环境的相互作用。社会学习理论强调，人的行为、思想、情感反应方式和行为不仅受直接经验的影响，同时也受间接经验的影响；行为和环境具有交互作用，观察和模仿学习是学习的重要过程。在学习过程中，认知非常重要，人可以借助观察和模仿学习新行为。我们希望通过练习设计、场景重塑、游戏及小组讨论，让组员观察到各种拖延的行为及其后果，重新学习榜样行为。同时强调自我调节的作用，通过设立目标、自我评价，从而引发动机功能来调节拖沓行为。

2. 系统理论

系统理论的核心思想是系统的整体观念。在小组内部，组员之间存在一个系统，在这个系统中组员之间相互影响、相互作用。小组有以下四个作用：整合、适应、模式维持、目标实现。在小组活动时，工作人员要尽力将组员之间的关系协调好，努力培养组员之间的凝聚力，做好组员之间的权利分配。特别是要注意组员在小组活动中的互动，让组员与组员、组员与社会工作者之间的关系融洽，在解决问题的时候要考虑到组员之间相互作用的结果，小组是一个整体，每一个组员的决定都会影响到整个小组的活动。工作人员以各种小组活动将组员团结在一起，保证小组实现小组目标。

四、小组的特点

（1）组员的选择标准。全校有拖延状况并愿意尝试改变的同学或已改善拖延状况并愿意分享经历的同学都可以参加该小组。

（2）小组性质：自愿封闭式支持教育小组。

（3）小组持续时间及聚会频率：2017年5月15～30日，为期两周，每周两次聚会。

（4）小组规模（人数）：6～9人，最终以实际情况确定。

（5）聚会时间与地点：尽量不占用组员上课时间，最好在下午课后时间举行，活动地点在社会学系小组工作室。

五、组员招募方案

（1）自愿报名：以宣传招募为主，邀请招募为辅。在北区操场宣传栏张贴海报，并在校内论坛发出招募通知。参与者与社会工作者取得联系。

（2）主动邀请：小组领导团队亲自邀请招募对象参加。

六、小组活动方案

第一次活动——相见欢

目标：让组员互相认识；建立组员间及组员与工作人员

之间的关系；让组员认识本小组活动的目的及目标；鼓励组员发表对小组的期望。

相见欢活动具体方案见表9-1。

表9-1 相见欢活动

活动名称	活动目的	活动内容	活动时间	道具
简单介绍	让组员了解本小组的活动	社会工作者及相关工作人员先作简单的自我介绍，阐明小组活动的目的、目标及注意事项（如保密原则等）	5分钟	—
六宫格	促进组员相互熟识，并可让工作人员了解组员参与活动的目的以及组员对小组活动的期望	组员围坐成一个圆圈，在纸上的六个格子里写下自己想要知道的其他组员的情况，如姓名、年龄、爱好等，然后递给右手边的人写信息，写完后交回原来的人，由他按照纸上的信息介绍对方	10分钟	纸片（工作人员要提醒组员努力记住每个人的名字，在后面的游戏中有关联）
认识游戏："我是船长"	深化组员之间的认识，活跃小组气氛	组员坐成一个圆圈，社会工作者说出其中一个组员的名字，被叫到名字的组员要大声说"我是船长"并做出敬礼的姿势，而站在他（她）左右两边的组员必须以最快的速度做出划船或眺望的动作。做错者出列，说出其他组员的名字，并表演一个节目	5分钟	—
七手八脚	活跃气氛	1. 分组，一组3~4人； 2. 一人抽签（数字1~13），共抽4次； 3. 另派两人参赛：依次将自己的左脚—右脚—左手—右手放于所抽的数字区域内（如，A与B两人参赛，顺序是A左脚—B左脚—A右脚—B右脚—A左手—B左手—A右手—B右手）； 4. 工作者可将最后的姿势拍照留念	10分钟	一张席子；两副扑克牌

续表

活动名称	活动目的	活动内容	活动时间	道具
分享心得	让组员表达对这次聚会的感觉，让社会工作者明白他们对小组的看法和意见，让各组员了解到别人的感受	让组员们说出自己这次活动的感想以及对小组的期待	15分钟	—
小故事，大道理	通过故事的情境，让大家对拖沓及其后果稍作了解，同时引出第二次的活动	观看一个动画片《蚂蚁与蟋蟀》，分享观后感	5分钟	—
小作业，大任务	首先让组员自己寻找拖延的原因，同样为第二次活动铺垫	给每个组员布置一个小作业，想一下自己印象深刻的拖延的事情及原因，第二次活动分享	2分钟	—

第二次活动——走进拖延

目标：让组员认识拖延的成因及危害，从而引导他们留意自己的日常行为。让组员认识到拖延是有害无利的，引起对拖沓行为的深恶痛绝之情。认清自己拖沓的原因，并增强克服拖沓的信心。

走进拖延活动具体方案见表9-2。

表9-2 走进拖延活动

活动名称	活动目标	活动内容	活动时间	准备工具
互动热身（争分夺秒）	活跃气氛	在纸上列出一些物品的名称，由成员找出并放在前面的桌子上	15分钟	3个网球

续表

活动名称	活动目标	活动内容	活动时间	准备工具
冰山一角自我剖析	通过工作人员的介绍,让组员了解拖沓的一些类型及原因,以便有针对性地分析自己的问题,加深对自身问题的认识,以便找出适合自己的提升行动力的方法	社会工作者通过给组员提供一些生活中拖延的情境,让组员共同分析原因。随后工作者给每位组员发一张纸片,根据社会工作者的介绍,由组员自我分析自身行动力不高的原因,写在纸片的反面,再在纸的正面举一个实例。匿名交给社会工作者	25分钟	纸片
分享	——	组员分享对这次活动的感受,及从中受到的启发	10分钟	——
任务	为第三次活动做铺垫,同时可以观察组员是否认识到要改变拖沓,用积极的态度去改变,从而检验第二次活动是否有效	给每个组员布置一个小作业,即列出个人在下周计划做的并可以完成的事情,然后在周末的时候写出这些事情完成了多少项(社会工作者及工作人员也适用此任务)	5分钟	——

"冰山一角,自我剖析"提供的情景

情景一:早晨,小A担心自己起不来,定了闹钟。但每当闹钟响起的时候,他总是将闹钟的时间往后推迟,以至于上班迟到。

情景二：小B报了英语六级考试，却迟迟没有复习。理由是觉得事情太多，无暇顾及。而且内心认为六级不一定能过，早复习晚复习都是一样的。

情景三：小C要去参加一个面试，心里特别忐忑，一大早就开始准备、化妆、收拾东西，生怕自己遗漏什么，犹豫再三，以至于面试迟到。

情景四：老师给小D安排了一项工作，但小D觉得工作对自己而言太难，是老师在为难他，有意给自己小鞋穿，一直拖着，不愿意着手去做。

第三次活动——时间掌控家

目标：通过对拖延原因的讨论，以及总结小组组员们交上来的作业，找出重点几项影响行动力的原因，并提出如何提高行动力的策略，逐一突破自身惰性，立足当下做好眼前事情。

时间掌控家活动具体方案见表9-3。

表9-3 时间掌控家活动

活动名称	活动目的	活动内容	活动时间	备用
导入活动："一寸光阴，一寸金"	使组员了解人生的时间规划，感受时间的宝贵	通过社会工作者提问，组员操作，来规划组员个人的人生时间管理，随后分享心得。具体操作过程如附录1	操作过程15分钟，分享过程15分钟	长条纸15张，笔
经典分享："石头与细沙"	通过经典故事分享让组员了解要处理的事情需要根据轻重缓急先后完成，才能有效控制时间	这是关于时间管理的经典故事。社会工作者朗读出PPT上的段落，随后分享读后感受。具体故事如附录2	社会工作者朗读时间5分钟，分享过程15分钟	PPT图片展示

续表

活动名称	活动目的	活动内容	活动时间	备用
小任务："做自己的时间掌控家"	让组员学会使用小方法掌控好自己的时间	工作者向组员说明"个人时间管理计划"细则：将自己每天必做的事情列出，思考采取什么样的措施可以节省时间，再分析评估可以从哪里节约出时间，算出可以节约出的时间总数，再思考可以将空出的时间用在什么事情上，制成简单表格，下次活动与大家分享	10分钟	—

附录1："一寸光阴，一寸金"活动过程

首先，社会工作者告诉组员：假如，现在你的生命处于0~100。

随后，将准备的长条纸发给组员，人手一张，让组员用笔将每张长条纸画成10份（一份代表生命中的10年，分别写上10、20等字样，最左边的空余部分写上"生"字，最右边空余部分写上"死"字）。

下面社会工作者提问题，让组员按要求去做。

第一个问题：请问你现在的年龄是多少？（把相应的部分从前面撕去）过去的生命再也不会回来了。（注意让组员将纸条撕得干净整齐）

第二个问题：请问你想活到多少岁？（假如你不想活到100岁的话，就把后面的撕掉）

第三个问题：请问你想多少岁退休？（请把相应的退休以后的部分从后面撕下来，不要撕碎，放在桌子上）就剩下这么长了，这是你可以用来工作的时间。

第四个问题：请问一天24小时你会如何分配？

一般人通常是睡觉8个小时，占了1/3，吃饭、休息、聊天、看电视、游戏又占了1/3，其实真正工作有生产力的时间约8个小时，占1/3。

所以请把剩下的折成三等份，并把2/3撕下来，放在桌子上。

第五个问题：比比看。

请用左手拿下剩下的1/3，用右手把退休那一段和刚才撕下的2/3加在一起，并请思考一下，你要用左手的1/3工作赚钱，提供自己右手上的吃喝玩乐及退休后的生活。

第六个问题：想一想，你要赚多少钱、存多少钱才能养活自己上述的日子，这不包括给子女和父母的。

第七个问题：请问你会如何看待你的未来？

随后让组员分享自己的想法。

续表

附录 2：

　　桌上放有两个大小相同的类似水盆的容器和六七块大小不一的石头。其中一个容器中盛有一大半的细沙，另一个容器是空的。现在让你把所有石头和所有细沙都放到那个空的容器中，但条件是细沙和石头都不能冒过容器的上端平面，你会怎么做？

　　有的人会先把细沙全倒入空容器中，然后费了九牛二虎之力也无法将所有石头都塞进细沙，从而达到规定的要求。但如果先把所有的石头都放进空容器中，然后再倒入细沙，就会发现在摇一摇、抹一抹之后，轻而易举地就完成了任务。

　　在这个游戏中，容器象征着什么？细沙象征着什么？石头象征着什么？这个游戏又说明了什么？大家谈谈自己的想法。

　　（容器象征着我们每个人有限的时间，不管是一天也好，或者一生也罢。细沙象征着那些每天纠缠着我们的似乎永远也忙不完的紧急的琐事。石头象征着关乎人生效能的大事。这个游戏说明，倘若我们总先忙琐事，那么很难成就大事。而如果我们能做到要事第一，那么处理起琐事来也会游刃有余。）

第四次活动——悦纳自我

目标：带领大家发现自己潜藏的、不为自知的优点，从而更多地关注自己、认清自己、悦纳自己，树立自信，遇到困难不要逃避，勇敢面对。

悦纳自我具体活动方案见表 9-4。

表 9-4　悦纳自我活动

活动名称	活动目标	活动内容	活动时间	准备工具
导入活动	简单回顾上次活动内容，并引出此次活动的主题	让每个组员用一句话分享上次活动的收获，主持人简单介绍此次活动的主题	5 分钟	—

续表

活动名称	活动目标	活动内容	活动时间	准备工具
自我称赞	通过游戏让组员在心里接受和悦纳自己，树立起对自我的信心	规则：每个组员需要分别回答以下三个问题：1. 你最喜欢自己身体或相貌的哪个部分？2. 在个人品质方面，你认为自己什么地方最好？3. 在个人才能方面，你最喜欢自己哪个方面？同时，接受大家随时提问	15分钟	纸和笔
小小辩论赛	锻炼组员随机应变的能力，训练大脑思维和肢体的反应速度	给出前期准备的辩论题目（题目暂定），说明要求，开始辩论。辩论完毕后工作人员点评组员在辩论赛的表现，对表现突出的组员以奖励，并让组员说出自己在辩论中的优点和不足	20分钟	奖品：便携水杯
分享	总结分享本次活动，在分享的过程中大家相互学习	让组员自己说出在活动中的收获和不足，并希望组员对社会工作者提出意见，以便完善下次活动	5分钟	—

第五次活动——卸下"完美"的负担

目标：让组员认识到不可能事事都是十全十美的，卸下完美的包袱，认识到有时缺憾也是一种美。

卸下"完美"的负担具体活动内容见表9-5。

表9-5 卸下"完美"的负担活动

活动名称	活动目标	活动内容	活动时间	准备工具
导入活动	回顾上次活动，引出本次活动的主题	让每个组员用一句话分享上次活动的收获，主持人简单介绍此次活动的主题	5分钟	—
"画蛇添足"	引导组员认识到缺憾有时也是一种美	将组员分成两组，每组分一张卡片，卡片上印着断臂美神维纳斯，让大家发挥想象力，助维纳斯"一臂之力"——画出维纳斯缺失的手臂。比较哪组画得比较美，最后与PPT展示的原始图片比较，讨论哪一种维纳斯更让人印象深刻	20分钟	PPT图片展示；卡片、铅笔
遗失的一角（视频）	让组员接纳自我，认识到完美其实并不重要，卸下完美的包袱	观看视频，分享自己的感受	20分钟	—
回顾分享	—	回放做过的几次活动的视频，总结分享做过的几次活动，谈谈感受及收获，看看自己是否成长了	10分钟	—

七、小组活动专业反思

准备开展小组活动和制订计划时，发现准备一个好的活动名称就像挑选植物的种子一样重要。社会工作者在每次开展小组工作确定活动名称上下了不少功夫，首先每次小组活动的名称应当尽量避免重复，避免组员听到重复的名字有烦腻之感。其次要确保每个主题既能够突显每次活动的主要内容，又足够新颖能够吸引人，能够引起组员对接下来的行动抱有期待和幻想，并投入参与热情。另外选题又需要有实用性且能简明扼要地表达活动主旨，所以在活动名称上需要细斟慢酌，力图有新意地选取一些诸如"画蛇添足""冰山一角"等小主题。通过对小组活动目的和小组活动设计内容的把握，社会工作者决定开展自愿封闭式支持教育小组，并确定小组活动主题为"我生待明日，万事成蹉跎"。

在理论运用方面，主要运用社会交换理论和系统理论，通过组员的互动讨论、反思自省、模仿学习及工作者的引导达到预期目标。第一次活动主要是破冰游戏，通过游戏的方式拉近组员的距离，增强团队凝聚力，同时引出活动宗旨。第二次活动切入主题，走进拖延，直击组员在日常生活中经常犯的毛病，主要以分享交流互动为主，通过开放式讨论，小组成员间可以相互借鉴学习，反思自我不足，认识到拖延的原因，采取集体头脑风暴法深度挖掘拖延症的原因和带来的危害影响，引起组员的共鸣和认同，促使组员反思过往拖延症的不利影响，加强自我剖析，完善自我认知，进而不断成长，为实现小组目标奠定基础。第三次活动主要是教会组员一些正确应对拖延症的办法，就是从行动上去做时间的主人和掌控者。设计"一寸光阴，一寸金"和"石头与细沙"等活动，教导组员学会掌握时间的几种策略和方法。相信这些都必然是组员在小组中学到的正向的成长经验和技巧，对今后的生活极具指导意义。第四节和第五节活动旨在帮助组员树立信心，接纳自我，立足当下做好力所能及的事情。"悦己"活动无疑会增加组员行动的信心，摆脱因畏难情绪放弃行动的行为。

另外，在活动过程中，社会工作者充分运用社会工作方法，如赋权，交给组员一定的权力，让他们知道这是一个助人自助的过程，是自我从拖延的黑暗小道踟蹰不前走向果断迅速出击行动的康庄大道，是一个从情绪中的摇摆状态走向态度无比坚定的转变过程。通过专业评估，参与小组活动的组员反馈，这次活动改变了他们拖沓的毛病，对他们而言就是人生的一次蜕变。在小组工作过程中，社会工作者经常运用一些专业的技巧，如同理心、真诚和接纳。在交流过程中，秉持价值中立的专业伦理，对组员出现的问题不搞人身攻击，就事论事、设身处地地体会组员的感受，站在组员的角度思考问题，仔细聆听组员的想法，同时告诉组员学会倾听他人的想法，不要急于表达自己的观点。对组员做出诚实的回应，使组员愿意说出自己的真实想法和感受。

10. "我的生活我做主"流动儿童生活成长小组

随着城市建设的需要,大批农民工涌入城市,为城市的发展和建设做出不可磨灭的贡献。对于留守儿童这个群体,大多数人并不陌生,社会对他们成长和发展的关注度较高,然而也有部分农民工带着他们的孩子来到城市,希望让他们有机会成为"城里人",这些孩子就是流动儿童。

第六次全国人口普查数据显示,我国有2.3亿农民工进城务工,跟随父母进城的流动儿童大约有2000万人。中国发展基金会秘书长卢迈说,这些在城市社区居住的流动儿童面临教育、贫困和社会边缘化等诸多问题,直接影响他们的行为、心理和职业技能的发展。今天的流动儿童,就是未来所在城市的新市民和劳动者。他们的社会融合问题,关系到所在城市未来的经济社会发展和稳定。通过调查了解到:有三成流动儿童曾感到压抑和被歧视,在卢迈看来,城市流动儿童的心理问题比留守儿童的心理问题更严重,也更值得关注。由于环境、学习方式和教学方式的改变,他们变得越来越沉默寡言,甚至缺失了直面生活的勇气和力量。在生活中,他们缺少可以诉说心事的朋友,在学习上没有很好的伙伴,他们的心理变得越来越自闭。[1]

---

[1] 刘世昕. 流动儿童到底需要什么帮助 [N]. 中国青年报,2012-04-18.

首先是生活环境的不适应。进入城市之后，生活成本的增加和就学费用的提高加重了农民工家庭的经济负担和心理负担，同时也加重了农民工子女的压力。由于家庭条件的限制，流动儿童并不能像城市儿童那样无忧无虑，这类儿童容易产生自卑感。例如，来自乡村的小伟看到班里的同学结伴去肯德基，有很多零花钱，觉得自己什么也没有，很自卑。对于很多农民工来说，农民工工作的不稳定性和阶段性导致农民工家庭生活居住地具有流动性，也就使得农民工子女不得不经常性地去面对新的生活环境和学习环境。对于这部分农民工子女来说，不断变换的生活、居住环境带给他们最明显的就是在陌生环境下产生的恐惧感和失落感，这样使很多孩子形成自我封闭、消极的心理，影响他们的学习和生活。由于生活环境的变换，进城农民工子女失去了已有的伙伴、同学和朋友，加剧了进城农民工子女的孤独感。

其次是学习环境的不适应。进城农民工子女自身学习基础差对他们进一步学习也有影响。进城农民工子女以前就读的农村学校教学质量相对低于城市学校，他们中大部分学习基础相对城市孩子较差。转学到城市后，因为学习成绩上与城市孩子的距离，农民工子女往往无法跟上新学校的教学要求。在部分学科的掌握上存在"学科空白"现象。来自城市的孩子在一年级就开始学英语，而来自农村的孩子则没有接触过，所以根本无法听懂老师讲的内容。在有些农村学校，上音乐课只是老师领同学们唱歌，根本没有学过五线谱之类的知识。来自农民工家庭的孩子由于生活的环境，普通话不是很好，乡音浓厚，更是不愿说话。例如，小明在上课回答问题时用家乡话回答，遭到同学的嘲笑，导致他不愿与城市孩子交流。

最后是交往环境的不适应。农民工家庭的孩子觉得城市的孩子娇气,不爱吃苦。城里的孩子对农民工子弟又是另一种看法。他们的评价是一些农民工子弟爱打架,经常在地上爬着玩,不讲卫生,学习成绩和城市同学有一定差距。彼此间存在偏见也是导致交往较少的原因,从而使得农民工家庭的孩子人际交往脉络稍窄。

一、小组背景

"我的生活我做主"流动儿童生活成长小组依托襄阳市致远社会工作服务中心困境未成年人保护项目"阳光伴飞"基金,选取襄阳市樊城区王寨流动儿童为例,开展流动儿童生活成长小组。王寨社区地处湖北省襄阳市樊城区城乡接合部,面积1.5平方公里,下辖10个居民小组、2个工业小区,辖区人口总量达10200多人,该社区有很多家长都是附近农村来城务工的农民工,其中少部分拥有本地户口。孩子父母的收入主要来源于小本生意、打工等,收入不高,月薪一般在3000~4000元,基本能够维持家庭生活。本小组开设旨在发现流动儿童的优点加以强化,教会他们承担自身在家庭学业上的责任,加强家长与孩子之间的沟通,协助他们更加自信,学会更好地与人交往沟通。帮助他们建立更加健全的社会支持网络,让孩子之间形成友谊,使流动儿童得到更多的关爱,让组员认识到并有意识地关注自己的问题。

此外,使用小组方法介入可帮助面对类似问题或有共同需要的组员,得以建立支援网络,并从组员间的相互支持中,得到更大的信心去改善。在组员的互动过程中,大家可以相互监督，更能利用其他组员的回馈作改善的参考。通过游戏互动等环节增加彼此的理解和信任，组员间可以相互发生"模仿作用"，有利于问题的解决。

二、小组理论架构

小组的目标人群是9~12岁的农民工子女，皮亚杰的认知发展观认为，儿童在9~12岁处于具体运算阶段，这个阶段的标志是守恒观念的形成，儿童从表象性思维中摆脱出来，逐渐进入抽象思维的认知发展阶段，但是他们的逻辑推理是具体的，不是形式的，只能对具体事物、具体情境进行思考，如果在纯粹语言叙述情况下进行推理，儿童就会感到困难。埃里克森的人格发展理论把人格的发展分为8个阶段，9~12岁处于儿童晚期，其还有一个主要特征就是勤奋感对自卑感，所以我们应该注意他们发展学习中的勤奋感，但是，如果多次遭到挫折或其成就受到挫折时，就易形成自卑感，因此，儿童如果在学习、游戏中取得成就并得到承认的奖励，将有助于其形成勤奋的人格。9~12岁的儿童正处于学习心态形成和人格发展的过渡期，针对这个关键时期，我们透过"体验经历学习法"，可以利用外在环境，通过行为、技巧的运用，令儿童重新反思其价值观及态度，再将从经验中归纳得来的新知识，牢固于精神意识层面。新的个人精神领域会带来新的价值观、新的身份、新的态度、行为及技巧。

马斯洛需求层次理论表明，人的行为是有规律可循的，一切行为都是围绕人的需求而产生的。马斯洛的需求层次理论告诉我们，每个人都有归属和爱的需要、尊重的需要。农民工子女希望能够和城市子女结交朋友,建立感情,更好地融入他们。舒茨的人际需要理论认为,人有基本的包容需要,而且需要满足方式有相对的继承性和连续性。童年的人际需要是否得以满足以及满足所形成的行为适应方式,影响并决定着个体在成人期对待他人的方式。农民工子女有包容的需要,渴望隶属于他们的群体。

此外,社会学习理论强调,人的行为、思想、情感的反应模式和行为不仅受直接经验的影响,而且受间接经验的影响,观察与模仿学习是学习的重要过程。正因为本小组想改善农民工子女适应社会问题,社会学习理论提供了观察学习与模仿、替代强化、交互作用等方法来改善。

增能理论基本假设个人的无力感是由于环境的排挤和压迫,与外界环境的互动形成的负面经验引起的,每个人都有能力通过互动达到增能的目的。

人本主义强调每个人都要受到尊重,在小组中每个人都彼此负有责任,有参与和被聆听的权利。因此,社会工作者要创造更多的机会让他们彼此聆听心声。在小组内,社会工作者会较多地使用正面增强和模仿,社会工作者在每节活动结束时都会评出"最佳小花朵",组员会受到他人行为的刺激,自觉不自觉地使自己的行为与他人相仿。对榜样的观察、模仿是人们学习产生新的符合文化的适应性行为的重要手段。而在活动过程中,社会工作者要经常适当地运用口头上的称赞,来加强这些优秀行为出现的可能性。

三、小组目标

1. 小组总体目标

增强农民工子女的自信心，改变自卑心理，提高他们的人际交往能力以及学习能力，改善其与城市孩子的人际关系，以便更快融入城市这个新环境，促进农民工子女的身心健康发展。

2. 小组具体目标

（1）引导组员认识人际交往的重要性，学会沟通交流的技巧和方法。

（2）与组员一起探讨在人际交往中遇到的障碍以及原因，并学习解决和应对的办法。

（3）通过小组活动，让他们认清自己的优点或特点，增强自信心，改善自卑心态，积极交往新的朋友，更好地融入集体。

四、小组服务对象与特征

1. 服务对象

（1）资格：9～12岁的农民工子女。

（2）特点：不善于交流的或想改善人际关系的、不自信的农民工子女。

2. 小组特征

（1）性质：成长小组、教育小组。

（2）节数：9节。

（3）日期：2016年3月14日～4月12日。

（4）时间：每节活动半小时（最后一节时间会延长）。

(5) 地点：社区活动室（地点可能因活动性质而变化）。

(6) 人数：8名农民工子女。

3. 招募方法

(1) 于学校内张贴海报。

(2) 与各班班主任联系，直接在班级招募。

五、小组进度安排

序号	时间	工作任务
1	2016年3月14～16日	1. 收集及整理相关材料； 2. 需求调研，明确主题及目标对象
2	2016年3月17～19日	1. 撰写小组计划书和分节计划书； 2. 小组活动费用申请； 3. 选定活动场地
3	2016年3月20～21日	1. 宣传招募小组成员； 2. 筛选小组成员； 3. 购买小组活动物资
4	2016年3月22日～4月7日	开展9节小组活动
5	2016年4月8～12日	1. 小组评估和总结； 2. 整理相关活动材料，撰写总结报告； 3. 与同工分享

六、小组内容

时间/节次	主题	目的
第一节 （2016年3月22日 12:00～12:30）	见证我们的成长	1. 促进组员之间以及组员和社会工作者之间的相互认识和熟悉； 2. 熟悉小组规则，有效遵循规章制度； 3. 让组员明确自己想学的技能，帮助组员更好地适应环境； 4. 让组员清晰把握自己在小组结束时的成绩，从而向目标迈进

续表

时间/节次	主题	目的
第二节 （2016年3月22日 12:40～13:10）	回首过去， 展望未来	1. 帮助组员迅速融入小组； 2. 回忆曾经做过的事情，帮助组员明确自己擅长的技能，提升组员自信心； 3. 进一步提升组员的自信心，培养组员独立自主的意识； 4. 明确独立自主的重要性
第三节 （2016年3月22日 13:20～13:50）	我是小能手	1. 通过书包、书桌的整理，帮助组员节省时间，高效学习； 2. 通过系鞋带、系红领巾、整理自身衣物等，进一步提升自身形象； 3. 通过卫生整理，拥有良好的环境，更好地服务于学习
第四节 （2016年3月31日 12:00～12:30）	我是家庭一分子	1. 快速进入小组氛围； 2. 巩固上周内容； 3. 让组员明白自己也是家庭的一分子，在享受他人关爱时，也需要承担责任； 4. 通过让组员回忆家长做的事情，再联想自己平时做家务的感受，让组员明白家长的不易，同时，更加积极主动地做家务
第五节 （2016年3月31日 12:40～13:10）	感恩家人	1. 回顾让组员迅速融入氛围；； 2. 通过引导，明确做家务的好处，坚定组员的信心； 3. 总结分享，再次巩固组员的意识
第六节 （2016年3月31日 13:20～13:50）	我长大了	1. 回顾； 2. 教授家庭技能，表扬并鼓励组员继续学习新技能，让组员树立减轻家人负担的意识； 3. 总结分享，回顾所学内容
第七节 （2016年4月7日 12:00～12:30）	社会大讲堂	1. 热身游戏，吸引组员迅速进入状态； 2. 回顾上周内容，巩固所学技能； 3. 掌握正确的餐桌礼仪； 4. 总结分享
第八节 （2016年4月7日 12:40～13:10）	我很擅长哟	1. 回顾； 2. 教授各种社会基本技能，通过现场模拟、锻炼并强化其社会技能； 3. 总结分享，巩固内容
第九节 （2016年4月7日 13:20～13:50）	我们的美好回忆	1. 回顾； 2. 教授技能，完善自身素养； 3. 思考与总结

七、人员分工

序号	负责人	工作内容/注意事项
1	何姗姗	收集相关材料，撰写小组计划书和分节计划书
2	曾强	购买小组活动物资、教具
3	王路	电话招募小组成员（协助人员：何姗姗）
4	何姗姗	开展9节小组活动（每次开展3节），其余同工负责拍照、派发活动道具和维持现场秩序（协助人员：王路、曾强）

八、小组工作可能出现的问题及应对

1. 小组筹备阶段可能遇到的问题及应对措施

（1）招募不到足够的组员。在小组成员的招募过程中，可能会出现组员不够的问题。在面临此种境况时，一方面，社会工作者应加大宣传力度，可通过网络平台宣传（微博、微信公众号、QQ群等）、入户宣传、企业宣传、海报宣传、新闻媒体宣传等，让更多的服务对象知晓此次小组活动；另一方面，社会工作者需要开展更多的外展服务活动，通过向服务对象讲解，让服务对象了解社会工作者的服务，信任社会工作者，从而愿意参加此次小组活动。

（2）流动儿童需求过多。在组员招募过程中，可能会有很多流动儿童来报名，但他们存在各种需求，如有兴趣爱好需求的、交友需求的等。在面对报名人员的诸多需求时，一方面感谢报名人员对社会工作者服务的信任与支持，另一方面要澄清此次小组活动的主题，分析报名者的需求情况，让组员自我决定、自我选择，对于想参加其他主题小组活动的报名者，让报名者自主决定参加其他主题的小组服务。

（3）小组的经费、资源不够。此次活动形式有静有动、有室内室外，需要的人力、物力、财力都比较多。在面临这一情况时，社会工作者需要积极链接各方资源，如机构的、企业的、公益基金的资源；积极联系志愿者组织，召集小组所需要的义工人员，缓解小组人力不足的境况，解决小组筹备过程中的人力、物力、财力不足的问题，为小组活动的顺利开展做好充足的准备。

2. 小组开展阶段可能遭遇的问题及应对措施

（1）有的组员不能按时参加活动。针对这一问题，在活动开展的前一天，社会工作者可电询组员，确定组员能否准时参加，对于两次不能准时参加的组员，需要与其进行面谈，了解其不能准时参加的真正原因及其他情况。对于早到的组员，可以提前准备好游戏供其玩耍，一来可以缓解其早到的焦虑情绪，二来可以作为对早到者的一种奖励。

（2）小组进程太快或太慢，各环节的衔接不够。针对这一问题，社会工作者首先要十分熟悉小组的各个流程与环节，准备小组环节过渡语，并及时提醒组员，使其注意力始终停留在小组内。对于每个环节的设计需要严格控制时间，保证小组活动能够在合理的时间内完成。

（3）由于小组成员的拘束而冷场。在小组活动中，有些组员自信心不足、表达力不强、相互不够熟悉，造成因过于拘束而冷场的状况。面对这一问题，社会工作者要设计适合流动儿童的破冰游戏，促进他们之间的合作，打破组员之间的陌生感。对于自信心不够、表达能力不强的组员，社会工作者和其他组员均要对其进行积极的鼓励，给予其足够的时间去表达，让小组内的成员都能够积极参与小组活动的各个环节。

(4) 少数组员过分"热情"而抑制了其他组员的发言甚至参与的积极性。在小组中，可能会出现有的组员性格外向、表达能力强、非常积极的情况。面对这种情况，一方面社会工作者要肯定与认可这些组员的表现，另一方面社会工作者要合理分配组员发言的时间，保证每个小组成员都有时间表达自己的想法，必要时重申小组契约。

(5) 流动儿童注意力不集中。由于每周活动的时间是90分钟，流动儿童可能会出现注意力不够集中的情况。面对这种情况，社会工作者在小组活动环节的设计上，要结合流动儿童的需求、流动儿童的年龄特征，设计适合流动儿童的小组环节，比如动静结合、室内室外结合、动手和分享结合等形式，保证组员在小组中拥有足够的注意力，保证小组活动的顺利开展。

九、社会工作者可能出现的问题及应对

1. 社会工作者带入过多的个人情况，即反移情

社会工作者对小组成员的生活经历、成长环境有一定的了解，对于小组成员目前的不利处境，缺乏理性客观的认识，甚至有些社会工作者也曾经历过类似的成长环境。在其面临这一境况时，可能会有所感触，很容易带着个人感情和情绪介入小组，即反移情。在面对小组成员时，社会工作者需要尽可能不去想自身过去的经历，将注意力转移到小组各个环节的正常开展中，帮助小组成员去分享、交流，促进每节小组目标的达成，促进小组组员去改善自身的不利处境。社会工作者还可以寻求社会工作督导的辅导，帮助其走出过去的经历，让其能够以最佳的姿态带领小组。若社会工作者

停留在以往的经历和情绪中不能自拔，就应该更换社会工作者主持人，在更换社会工作者主持人过程中，要注意必要的工作交接，比如小组进程的分享、组员情绪的安抚等。

2. 冷场情况容易影响社工的积极性，甚至导致社会工作者情绪低落

在面对冷场时，社会工作者要及时反思冷场的原因。冷场可能是组员自身的原因，也可能是小组环节设计方面的原因，社会工作者要进行正确的分析，采取相应的措施。面对冷场的情况，不要过度自责，要相信自我，必要时还可以寻求社会工作督导的帮忙，及时调整自身的情绪，以最好的情绪状态引导小组活动的顺利开展。

3. 社会工作者过于在意小组活动的顺利进行，忽略小组组员的成长

在小组中，社会工作者可能会特别在意小组活动是否顺利进行，可能会觉得小组正常进行就是小组的顺利开展。小组成效的达成，不仅是小组的正常进行，更多的是小组组员的改变与成长，在小组中，社会工作者要留心观察组员的改变，对于组员的细微改变都要留意，并及时认可与表扬，维持组员参与小组活动的积极性。

4. 小组目标的设定太大，忽略小组活动各个环节中目标的达成情况

在小组中，只要小组成员能够达成一个小小的目标，都是一次很大的改变。看到小组成员某个方面的改变，社会工作者一方面应该对组员进行及时的认可，另一方面要认可自身的工作，相信自己的带领技巧，相信组员的改变是循序渐进的。社会工作者需要调整好心态，对于每一次小组活动的

成效，不能单单只看到结果，更重要的是组员在活动过程中发生的改变。

十、评估设计

评估方法	☐过程评估　☐产出评估　☐质素评估　☐成效评估　☐目标达成评估　☐其他
简要描述	通过参与者意见反馈表及其总表进行衡量

过程评估：衡量小组的活动内容是否按照原计划和期望进行，并审视小组成员是否是社会工作者期望的成员。
产出评估：衡量所提供的服务数量，例如，举办活动之数目、提供辅导时数等。
质素评估：衡量小组能符合特定的质素标准之数量或百分比或满足质素因子之要求。质素因子包括可靠度、保证度、可见度、关怀度和反应度，可依照这些质素因子而制定满意度调查问卷，从而计算他们对小组质素之满意程度百分比。
成效评估：衡量小组成员能否产生期望的改变或远离那些非理想的改变。
目标达成评估：指对小组所定的目标作出衡量，以判断小组目标达致之程度。为有效衡量有关小组目标达致与否及其达成水平，必须为每项目标制定其表现指标

十一、经费预算

编号	项目	单价	规格/数量	预算支出	来源	备注
1	横幅	5元/米	5.5米	27.5元	活动经费	
2	纪念水杯	17元/只	9只	153元	活动经费	
3	笔	—	8支	—	中心自备	
4	纸张	—	若干	—	中心自备	
5	公交费	18元/次	3次	54元	中心自备	

十二、小组分节活动设计

一、基本信息

名称	"我的生活我做主"流动儿童生活成长小组	编号	SQ-JZ-02-2015-G04
开始日期	2016年3月22日	结束日期	2016年4月7日
负责社工		节数	9节

二、分节资料

节次	时间	分节目标	内容/细节/注意事项	所需物资
第一节：见证我们的成长	2016年3月22日 12:00～12:30	1. 促进小组成员相互认识和熟悉；2. 熟悉小组规则，有效遵循规章制度；3. 让组员明确自己想学的技能，帮助组员更好地适应环境；4. 让组员清晰把握自己在小组结束时的成绩，从而向目标迈进	1. 报到：组员先进行签到。（5分钟）2. 开场白：主持人介绍小组成立的目的、小组活动的流程。（5分钟）3. 小组规则：组员和社会工作者一起为小组制定规则和秩序，促进组员的投入和参与。（5分钟）4. 组员明确自己想学的技能。给每位组员发一张纸和一支笔，让组员写下自己在小组中想学到的技能。（10分钟）5. 组员写上自己的蜕变目标，在纸上写下自己在小组结束时的样子。（5分钟）	1. 名单、签到表；2. 白纸和笔

续表

节次	时间	分节目标	内容/细节/注意事项	所需物资
第二节：回首过去，展望未来	2016年3月22日 12:40~13:10	1. 帮助组员迅速融入小组；2. 回忆曾经做过的事情，帮助组员们明确自己擅长的技能，提升组员自信心；3. 进一步提升组员的自信心，培养组员独立自主的意识；4. 明确独立自主的重要性	1. 回顾：回顾上一节活动。（5分钟） 2. 热身游戏： （1）主持人从每组学员中各请一位选手上台排成一列面对大家。 （2）主持人讲解游戏规则，选手须将主持人所念词句依照顺序反向大声念出，如主持人出题"江河日下"，选手念"下日河江"；主持人出题"说曹操，曹操到"，选手念"到操曹，操曹说"，等等，反应迟钝或念错者被直接罚下。 （3）告知选手比赛共分三轮，采用淘汰制进行。难度可逐渐加大，第一轮出三字题，第二轮出四字题，第三轮出五字题。 （4）三轮过后留存选手及其小组胜出。（5分钟） 3. 组员介绍自己在学校中做过的事情，如扫地、擦玻璃等。（10分钟） 4. 让组员分享做事情的感受。（5分钟） 5. 通过讲解，让组员明确生活技能的重要性。（5分钟）	准备正话反说游戏的题目

续表

节次	时间	分节目标	内容/细节/注意事项	所需物资
第三节：我是小能手	2016年3月22日 13:20～13:50	1. 通过书包、书桌的整理，帮助组员节省时间，高效学习；2. 通过系鞋带、系红领巾、整理自身衣物等，进一步提升自身形象；3. 通过卫生整理，创造良好的环境，更好地服务于学习	1. 回顾：回忆上期活动内容。（5分钟）打造完美形象：整理书包、系鞋带、系红领巾、整理自身衣物等。步骤一：社会工作者首先问组员平时在学校都做过哪些事务；步骤二：社会工作者问组员是否做过上述事务；步骤三：对于组员不会的技能，社会工作者进行演示；步骤四：社会工作者邀请组员上台演示，并赞扬和鼓励组员。（10分钟）注意：让组员在小组活动开展前带上自己的书包和红领巾。3. 班级事务（劳动）：扫地、擦桌子、擦门窗。（10分钟）步骤一：社会工作者询问组员会做什么；步骤二：社会工作者向组员讲明重要性；步骤三：社会工作者鼓励组员继续坚持下去。4. 总结分享：总结在校期间组员平时擅长的技能，并总结今天活动的收获，分享各自的感受和看法。（5分钟）	—

续表

节次	时间	分节目标	内容/细节/注意事项	所需物资
第四节：我是家庭一分子	2016年3月31日 12:00～12:30	1. 快速进入小组氛围； 2. 巩固上周内容； 3. 让组员们明白自己也是家庭的一分子，在享受他人关爱时，也需要承担责任； 4. 通过让组员回忆家长做的事情，联想自己平时做家务的感受，让组员们明白家长的不易，同时，更加积极主动地做家务	1. 热身游戏：一起观看TF-BOYS的《青春修炼手册》MV。（5分钟） 2. 回顾：带领组员进行前期内容回顾。（5分钟） 3. 我们为什么要做家务？（10分钟） 4. 爸爸妈妈在家都做些什么呢？（10分钟）	下载TF-BOYS的《青春修炼手册》
第五节：感恩家人	2016年3月31日 12:40～13:10	1. 回顾让组员迅速融入氛围； 2. 通过引导，明确做家务的好处，坚定组员的信心； 3. 总结分享，再次巩固组员的意识	1. 回顾：回顾上节活动，分享之后的感受。（5分钟） 2. 做家务的好处。（15分钟） 步骤一：社会工作者引导组员回想做家务后自己的感受，自己有什么成长； 步骤二：社会工作者引导组员思考，在感受到自身的成长后，有没有想做得更好呢？ 步骤三：社会工作者鼓励组员积极承担家务，虚心向他人学习，在实践中成长。 3. 总结分享：社会工作者请组员分享自己做家务的好处，并简单描述今后的实施思路。（10分钟）	—

续表

节次	时间	分节目标	内容/细节/注意事项	所需物资
第六节：我长大了	2016年3月31日 13:20~13:50	1. 回顾；2. 教授家庭技能，表扬并鼓励组员继续学习新技能，让组员树立减轻家人负担的意识；3. 总结分享，回顾所学内容	1. 回顾：回忆上次活动内容，分享自己活动后的感受；介绍本次活动内容及程序。（5分钟） 2. 生活大课堂：本环节共分两部分：一部分是整理内务，另一部分是做家务。（20分钟） 步骤一：社会工作者询问组员平时在家一般做些什么； 步骤二：社会工作者引导组员介绍自己平时最喜欢和最擅长做的事情，并介绍经验及解释原因； 步骤三：社会工作者对组员的行为进行表扬； 步骤四：社会工作者向组员介绍幻灯片上的活动，并向组员讲述经典案例，同时，将组员平时忽略的家务等进行补充，并鼓励组员主动承担家务，担负自己的责任。 3. 总结：总结今天的活动，并由组员各自发表感受和意见。（5分钟）	—
第七节：社会大讲堂	2016年4月7日 12:00~12:30	1. 热身游戏，吸引组员迅速进入状态；2. 回顾上周内容，巩固所学技能；3. 掌握正确的餐桌礼仪；4. 总结分享	1. 热身游戏：视频。（5分钟） 2. 回顾：回忆上次活动内容，分享自己活动后的感受；介绍本次活动内容及程序。（5分钟） 3. 敬重长辈：社会工作者将组员按照角色进行表演，简单有趣地学习敬重长辈的礼仪。（5分钟） 4. 餐桌礼仪：社会工作者引导组员继续按照刚才的角色进行扮演，根据幻灯片上的程序，现场演练。（10分钟） 5. 分享总结：今天活动的收获和感受，告知活动最后一节，询问组员的意见和感觉。（5分钟）	1. 视频；2. 组员扮演角色的卡片

续表

节次	时间	分节目标	内容/细节/注意事项	所需物资
第八节：我很擅长哟	2016年4月7日 12:40～13:10	1. 回顾；2. 教授各种社会基本技能，通过现场模拟，锻炼并强化其社会技能；3. 总结分享，巩固内容	1. 回顾：回忆上次活动内容，分享自己活动后的感受；介绍本次活动内容及程序。（5分钟） 2. 待客做客礼仪：依旧按照刚才分配的角色进行现场演练，帮助组员迅速了解礼仪。（10分钟） 3. 自我保护技能：教授学习基本保护知识。（5分钟） 4. 社会交往技能：和组员一起回顾上周学习的技能。（5分钟） 5. 总结分享：回顾本节活动内容。（5分钟）	—
第九节：我们的美好回忆	2016年4月7日 13:20～13:50	1. 回顾；2. 教授技能，完善自身素养；3. 思考与总结	1. 回顾上节内容。 2. 打电话礼仪。 步骤一：社会工作者对于接打电话的礼仪进行讲解； 步骤二：社会工作者邀请组员进行现场表演。 3. 消费礼仪：社会工作者准备道具，邀请组员进行表演。 4. 总结分享：回顾前期内容，总结所学技能，分享自身感受。 5. 发放纪念品	1. 纪念品；2. 签领表

十三、小组工作评估与反思

（一）目标达成情况

序号	目标	达成情况 1	达成情况 2	达成情况 3	达成情况 4	依据
1	社会工作者通过引导、示范，让组员模拟并掌握在校基本技能，提升其效率				√	社会工作者在教授在校基本技能后，在下次开展活动之前，对组员们的书包及着装进行检查，发现组员们表现得很好。同时，在小组反馈表"在小组活动过程中，培养组员提升自身综合素质的意识"一栏中，平均得分约4.7分，组员们基本掌握在校基本技能
2	社会工作者引导组员处理内务及做家务，有助于自己的成长，为家庭减轻负担				√	社会工作者现场教授技能，组员们进行模仿，并在平时付诸实施。在小组反馈表中，组员的反馈得分平均是4.7分，说明组员们认为自己认同社工的观点，并已经在实施
3	社会工作者通过情景模拟的形式，引导组员学习社会方面的基本技能，帮助组员更好地面对生活				√	社会工作者通过情景模拟的形式，引导组员对技能进行模仿，组员表现优异。在小组反馈表中，该栏平均得分为4.7分，表明对于该部分内容，组员们都已熟练掌握

达成情况：1 未达成；2 部分达成；3 基本达成；4 完全达成，在相应的空格内打"√"

（二）小组过程评估

	计划的	实际的	是否显著差异？若"是"，为何？
对象	困境未成年人	困境未成年人	否
参加人数	8人	8人	否
资源投入	横幅、纪念水杯、笔、纸张、公交费	横幅、纪念水杯、笔、纸张、公交费	否
推行日期	2016年3月24日	2016年3月24日	否
小组内容/形式	小组	小组	否

小组工作案例

续表

(三) 工作反思

1. 小组的内容及形式

在内容上,社会工作者主要从三个方面对小组进行设计,即从学校、家庭和社会三个角度进行整体设计。在每个模块中,教授该模块最核心、最基础的技能,帮助组员更好地面对生活,从整体上提升组员的综合素质。

在形式上,社会工作者主要是运用三种形式开展小组活动:一是小组开始时的热身游戏;二是情景模拟;三是文字讲解。通过情景再现的形式,将文字讲解生动形象地表现出来

2. 小组的时间、频次、地点

小组开展时间是2016年3月24日~4月7日,每周四中午在樊西实验小学科学实验室开展3节小组活动,3次,共9节

3. 参加者的表现及满意程度

组员们对于参加小组活动比较热情,参与程度很高,而且对于社会工作者提出的问题,都积极地举手回答,并且表示很高兴参加小组,学到了很多技能

4. 社会工作者的角色及发挥

社会工作者在小组中扮演的角色主要是引导、支持、鼓励、教授。在开展小组活动的过程中,无论在哪个环节,社会工作者都积极地引导组员通过丰富多彩的形式将小组内容展现出来,通过多彩的形式,提升组员的学习兴趣,帮助组员掌握生活技能

5. 工作人员的分工与合作情况

在活动开展前期,确定参与小组活动的社会工作者,并明确分工;
在活动开展过程中,根据小组内容的安排,再次明确分工安排;
在小组结束时,社会工作者依旧各司其职,完成自己的工作

6. 遇到的困难

在小组开展的过程中,遇到的最主要困难首先是组员们注意力不集中,扰乱课堂秩序;其次,在小组活动开展前,组员们前往科学实验室有些长耽误了时间,导致活动开展存在仓促现象;最后,存在组员们因有事情而缺席的现象;对于签到等,需要有社会工作者进行专人监督

7. 是否推荐小组继续沿用?所持理据是什么?

对于推荐小组沿用,应在完善后,方可继续沿用。在小组结束时组员们填写的反馈表中,对于"如果将来举办相关或类似的小组,我愿意介绍好友参加"一栏,在满分为5分的前提下,平均得分约为4.9分

8. 跟进及建议

对于此次小组活动,在家庭、学校和社会方面,在进行内容设计时,应具有逻辑性、连贯性、贴切性

| 社　工
(签名及日期) | | 项目组长
(签名及日期) | |

11. "安全伴我行"安全知识教育小组

事实孤儿是因父母失踪、服刑、弃养及疾病等因素变成"事实无人抚养"的散落在社会角落的边缘群体。襄阳市被列入第二批78个全国未成年人社会保护试点城市，襄阳市未成年人尤其是事实孤儿等困境未成年人社会保护工作越来越成为社会关注的焦点问题。事实孤儿父母抚养监护缺失，日常生活照料、有病就医难以保障；部分无人抚养儿童安置及替代性养护问题比较突出，家庭教育缺失，心理问题明显，缺乏健康成长的精神环境，通常处于一个被忽视、被遗忘的悲苦境地，游走在家庭、市场和社会的夹缝地带。襄阳市致远社会工作服务中心依托原有服务困境未成年人社会保护的经验，整合中心内外多种资源，以襄阳市樊城区事实孤儿为服务对象，通过个案辅导、小组工作与社区倡导等方法搭建多元化的资源链接平台和发展模式，缓解事实孤儿生活困境，协助构建事实孤儿生活的社会支持体系，弥补原有生活社会支持体系之不足，为事实孤儿提供监护支持、生活照料、救助帮扶、学业辅导、情绪疏导和安全教育等内容多元化的服务介入工作。帮助事实孤儿能够享受普通孩子享受的权利，促进事实孤儿正常健康成长。"安全伴我行"安全知识教育小组活动的开展是其中帮扶事实孤儿的一个缩影。

一、小组背景

襄阳致远社会工作服务中心社会工作者通过与民政局、街道办事处、社区居委会相关工作人员接洽访谈，从总体上了解襄阳市樊城区困境未成年人情况，大致把握潜在的服务对象情况、总体数量、重点分布区域。然后与社区居委会相关工作人员建立关系，重点锁定由民政局、襄阳市救助管理站等部门或社区居委会民政科干部转介或介绍给社会工作机构以协助其解决问题的服务对象。最后深入社区探访、家访，主动发掘筛选那些"最需要的服务对象"和"最值得帮助的对象"，确定需要帮扶的事实孤儿及家庭。经过入户调查和收集资料，分析得出事实孤儿状况如下。

（一）问题的陈述与分析

（1）生活没有保障，缺乏安全感。事实孤儿是由父母一方死亡或失踪，另一方弃养、失联或不能有效履行监护职责等原因造成，本身家庭经济普遍陷入困顿，而他们的祖辈年龄已高、收入有限，再加上多种疾病缠身，自我保障都成问题，又没有其他亲属及时接济。因此，对事实孤儿来说经济保障的问题尤为突出。同时，生活中缺乏安全感，经常处于担心和忧虑的状态，这些都明显不能满足事实孤儿健康成长的需要。

（2）家庭结构不全，缺乏感情交流。事实孤儿大多跟随年老体弱的祖父辈生活，由于缺乏父母的沟通指导，容易形成任性、孤僻、懦弱的性格。部分跟随姑辈亲属生活的，往往有寄人篱下的自卑感，受挫时不愿意倾诉。"懂事听话，性格温和",亲属口中的"好孩子"形象其实恰恰表明"不能依仗父母的成长际遇"使他们表现出超出同龄人的早熟,容易形成谦卑、乖顺的性格,缺乏感情交流、心理疏通和精神慰藉。

(3) 帮扶形式单一,缺乏实质性改善。仅靠政府救助来保障生活,因救助金额有限,且在救助的贫困儿童中,有相当一部分只得到一次性救助,并不能彻底改善他们的生活状况;并且帮扶形式多停留在物质帮扶层面,不能从根本上解决他们生理心理发展的实际困难。

(4) 社会关注不高,容易被忽视。目前政策孤儿的救助标准较高,基本可以保障生活问题。事实孤儿的境遇类似孤儿,但事实孤儿不属政策划定的"孤儿"范畴,难以享受现行救济制度的福泽,因他们有父亲或者母亲一方,难以引起高度重视,排除在政策照顾之外。一旦父母或家庭监护抚养缺位,就可能面临凄惨的命运,与政策孤儿相比,他们反而需要更多的社会关注与人文关怀。

(二) 需求评估

(1) 基本生活保障需求。事实孤儿家庭结构不完整,缺乏有效的监护人,而且大部分事实孤儿所处的家庭经济困难,收入有限,亲属支持体系脆弱且极具偶发性,又由于其身份不是孤儿,制度照顾的"合法性"不足,许多事实孤儿衣食住行等基本生活得不到保障。

(2) 安全教育的需求。事实孤儿由于得不到来自父母和家庭的有效监督,极易产生安全问题。主要表现在:一是由于得不到亲情的照顾而产生的安全感问题；二是容易受到他人的人身侵害；三是行为失控导致的安全问题。

（3）心理疏导的需求。事实孤儿在成长过程中缺乏父母情感上的关注和呵护，缺乏认识及价值观念上的引导和帮助，易产生认识、价值上的偏离和个性、心理扭曲，或变得郁郁寡欢，脾气古怪，或变得孤独内向，极易形成不同程度的心理问题。

（4）学业辅导的需求。事实孤儿的学习成绩一般都不容乐观，他们中成绩优秀者仅占10%，大多数事实孤儿的成绩处于中等偏下。不仅学习成绩差，缺乏上进心的状况也急需引入教育辅导和干预措施。

（5）情感表达与慰藉的需求。事实孤儿因与其生活在一起的对象大部分年老体衰或忙于生计，大多无暇顾及孩子的心理和情感需求，导致长期内心压抑，心中喜乐无人诉说和交流，情绪低落，容易引发孤独感和出现社交不合群症状。这一群体急需情感交流的渠道。

（6）安全感、信任感和自信心的重建需求。事实孤儿缺乏稳定持续的生活环境，对未来充满不安全感、未知感、无力感，失去掌控感，因此要通过认知重塑，增强事实孤儿的效能感，使其认识到未来虽然面临挫折，但自己是有能力控制、面对抑或改变的，重建对未来的信心。

针对这些孤儿的特殊需要，出于经济性、实用性考虑，从事实孤儿最急需解决的问题出发，开展以"安全伴我行"安全知识教育小组，为事实孤儿家庭提供监护支持，让事实孤儿对周围的生活环境保持敏感，增强自身的防护能力，促进自身健康成长。

二、小组理论架构

1. 马斯洛的需求层次理论

根据马斯洛的需求层次理论,人的需要层次可以分为生理的需要、安全的需要、归属和爱的需要、尊重的需要和自我实现的需要。生理的需要是最基本的需要,即满足维持身体机能正常运作的需要;安全的需要包括与别人建立良好稳定的人际关系,避免恐惧和焦虑;归属和爱的需要是希望与他人建立感情的联系(如结交朋友、追求爱情等)或被群体接纳;尊重的需要除自我尊重外还包括他人对自己的尊重和理解;自我实现的需要是希望通过个人的努力来实现自己的目标,体现自己的价值,发挥自己的潜能。因此,社会工作者在协助组员解决问题时,应协助儿童增强沟通与交流能力,培养儿童的分享与团队协作意识,矫正儿童的不正常行为,减轻儿童的心理压力,促进儿童的健康成长。

2. 认知理论

认知理论是以认知心理学为基础而形成和发展起来的。它认为,人的行为主要受制于理性思考,而不是潜意识中的本能,不良行为主要产生于认知上的错误或理性思维能力的缺乏,社会工作的主要任务就是要帮助服务对象获得对世界的正确认知或完善理性思考的能力,以对各种社会行为和现象形成正确的认知,从而使服务对象的行为得到正确、理性的指引。

依据认知理论,要改变他们对周围环境的感知能力,必须首先从认知上予以指引和改变,进而引发行为的改变。社会工作者可以通过游戏为组员设置互助友爱的思考主题，让他们思考如何能够更好地与他人相处、与他人做朋友。

3. 教育与安全科学

人的生存依赖于社会的生产和安全，显然安全条件是重要的方面。而安全条件的实现是由人的安全活动实现的。安全教育又是安全活动的重要形式，这是由于安全教育是实现安全目标，即防范事故发生的主要对策之一。由此看来，安全教育是人类生存活动中基本而重要的活动。

教育对人的发展具有必要性和主导性。这是由于人的生活是靠劳动改造自然和进行生产来维护生命并使之发展下去的，而要安全地生产必须结合一定的社会关系，并在其中创造和运用安全生产手段和技术以及与此相适应的各种制度、习惯、文化等复杂体系来进行。人的生活现状以及文化体系不是固定地维持下去，特别是在生活受到灾害威胁的时代，人们要不断地加以变革，并创造出更安全的生活和文化。这种创造和变革的活动是人类发展的前提。而教育对这种活动起主导作用，因为教育是有目的、有计划的社会活动过程，它对人的影响最为深刻。安全教育作为教育的重要部分，显然对人类的发展起着重要的作用。

三、小组目标

1. 目的

受到教育、增强自我保护意识，学会基本的自我保护方法。

2. 具体目标

（1）社会工作者通过讲解、情景模拟等形式，引导组员学习并掌握校园安全知识与技能。

（2）社会工作者运用组员表演、提问等形式，教授组员在家中应掌握的安全知识与技能。

（3）社会工作者通过竞赛的形式，教授组员在社会方面应该掌握的安全知识与技能。

四、小组活动进度安排

序号	时间	工作任务
1	2016 年 4 月 6 日	1. 收集及整理相关材料； 2. 需求调研，明确主题及目标对象
2	2016 年 4 月 7～8 日	1. 撰写小组计划书和分节计划书； 2. 小组活动费用申请； 3. 选定活动场地
3	2016 年 4 月 11～13 日	1. 宣传招募小组成员； 2. 筛选小组成员； 3. 购买小组活动物资
4	2016 年 4 月 14～28 日	开展 9 节小组活动
5	2016 年 4 月 29～30 日	1. 小组评估和总结； 2. 整理相关活动材料，撰写总结报告

五、小组内容

时间/节次	主题	目的
第一节 2016 年 4 月 14 日 12：00～12：30	你好！朋友	1. 让组员相互熟悉，增进了解； 2. 了解小组活动开展的意义，明白安全对自己的重要性； 3. 明确小组活动规则

续表

时间/节次	主题	目的
第二节 2016年4月14日 12:40～13:10	安全你我他	1. 吸引组员的学习兴趣； 2. 社会工作者讲解在校期间存在的安全方面的问题，引起组员注意，并掌握正确的避免问题的方法； 3. 邀请组员分享学习收获与感受
第三节 2016年4月14日 13:20～13:50	预防感冒，从我做起	1. 提醒组员注意饮食安全； 2. 帮助组员正确预防感冒； 3. 活跃气氛，了解组员平时对安全知识了解的程度； 4. 邀请组员分享
第四节 2016年4月21日 12:00～12:30	家庭大师	1. 吸引组员学习兴趣； 2. 回顾上周内容； 3. 通过一系列紧急事件，帮助组员了解处理方法，掌握处理技能； 4. 总结分享
第五节 2016年4月21日 12:40～13:10	高手在民间	1. 通过情景模拟，再现情景，帮助组员掌握正确的处理事故的方法及技巧，引导组员通过练习，熟悉技能； 2. 通过处理事故，锻炼组员的处理能力； 3. 总结分享
第六节 2016年4月21日 13:20～13:50	一起讨论吧	1. 通过探讨，掌握最正确的处理方法； 2. 通过分享，相互学习，有助成长； 3. 总结分享
第七节 2016年4月28日 12:00～12:30	安全伴我行	1. 吸引组员的学习兴趣； 2. 巩固上周内容； 3. 掌握新技能，提升自己的综合素质，明确所学
第八节 2016年4月28日 12:40～13:10	自救与他救	1. 吸引组员学习兴趣； 2. 巩固上节内容； 3. 让内容有结构，更便于理解； 4. 总结分享
第九节 2016年4月28日 13:20～13:50	安全、回忆	1. 吸引学习兴趣； 2. 巩固学习内容； 3. 提醒组员注意暑期和寒假安全； 4. 教会组员学会预防； 5. 前期内容回顾； 6. 回忆与分享

六、困难对策

序号	可预见的困难	对策
1	组员未能及时参加活动，导致活动时间不足	上次活动时提醒，在开展本次活动之前，与组员规定好时间
2	组员在课堂上不遵守纪律，扰乱课堂秩序	社会工作者一方面对其尽心劝说，另一方面对其进行小小惩罚
3	组员参加活动也有一部分是因为奖品而来	社会工作者对于奖品的意义进行解释，纠正组员的错误观念

七、评估设计

评估方法	□过程评估 □产出评估 □质素评估 □成效评估 □目标达成评估 □其他
简要描述	通过参与者意见反馈表及其总表进行衡量

过程评估：衡量小组的活动内容是否按照原计划和期望进行，并审视小组成员是否为期望的成员。
产出评估：衡量所提供的服务数量，例如，举办活动之数目、提供辅导时数等。
质素评估：衡量小组能符合特定的质素标准之数量或百分比或满足质素因子之要求。质素因子包括可靠度、保证度、可见度、关怀度和反应度，可依照这些质素因子而制定满意度调查问卷，计算他们对小组质素之满意程度百分比。
成效评估：衡量小组成员能否产生期望的改变或远离那些非理想的改变。
目标达成评估：指对小组所定的目标作出衡量，以判断小组目标达致之程度。为有效衡量有关小组目标达致与否及其达成水平，必须为每项目标制定其表现指标

八、财政预算

编号	项目	单价	规格/数量	预算支出	来源	备注
1	纸	—	—	—	中心自备	
2	笔	—	—	—	中心自备	

续表

编号	项目	单价	规格/数量	预算支出	来源	备注
3	横幅	5元/米	6米	30元	活动经费	
4	公交费	18元/次	3次	54元	中心经费	
				总计	84元	

九、小组分节活动设计

一、基本信息

名称	"安全伴我行"安全知识教育小组	编号	SQ-JZ-02-2015-G05
开始日期	2016年4月14日	结束日期	2016年4月28日
负责社工		节数	9节

二、分节资料

节次	时间	分节目标	内容/细节/注意事项	所需物资
第一节 你好！朋友	2016年4月14日 12:00~12:30	1. 组员相互熟悉，增进了解；2. 了解小组开展的意义，明白安全对自己的重要性；3. 明确小组规则	1. 相互介绍、破冰游戏；2. 介绍小组本次活动的主题、目的及意义；3. 介绍小组活动规则；4. 安全的重要性	笔
第二节 安全你我他	2016年4月14日 12:40~13:10	1. 吸引组员的学习兴趣；2. 社会工作者讲解在校期间存在的安全方面的问题，引起组员注意，并掌握正确的避免问题的方法；3. 邀请组员分享学习收获与感受	1. 热身游戏；2. 教室注意事项；3. 走廊注意事项；4. 上下楼梯注意事项；5. 校园注意事项；6. 体育课应注意的安全；7. 总结分享	

续表

节次	时间	分节目标	内容/细节/注意事项	所需物资
第三节 预防感冒，从我做起	2016年4月14日 13:20~13:50	1. 吸引组员学习兴趣； 2. 回顾上周内容； 3. 通过一系列紧急事件，帮助组员了解处理方法，掌握处理技能； 4. 总结分享	1. 热身游戏； 2. 饮食安全知识小讲座； 3. 感冒预防小讲座； 4. 总结分享	
第四节 家庭大师	2016年4月21日 12:00~12:30	1. 通过情景模拟，再现情景，帮助组员掌握正确的处理事故的方法及技巧，引导组员通过练习，熟练技能； 2. 通过处理事故，锻炼组员的处理能力； 3. 总结分享	1. 热身游戏； 2. 上周回顾； 3. 家庭易发生的紧急事件讲述； 4. 家庭救援小知识讲座； 5. 总结分享	
第五节 高手在民间	2016年4月21日 12:40~13:10	1. 通过情景模拟，再现情景，帮助组员掌握正确的处理事故的方法及技巧，引导组员通过练习，熟练技能； 2. 通过处理事故，锻炼组员的处理能力； 3. 总结分享	1. 热身游戏； 2. 上节回顾； 3. 危机处理知识讲座并预演示范； 4. 总结分享	

续表

节次	时间	分节目标	内容/细节/注意事项	所需物资
第六节 一起讨论吧	2016年4月21日 13:20~13:50	1. 通过探讨，可以知道最正确的处理方法； 2. 通过分享，可以相互学习，有助成长； 3. 总结分享	1. 遇见； 2. 发表感言； 3. 总结	
第七节 安全伴我行	2016年4月28日 12:00~12:30	1. 吸引组员的学习兴趣； 2. 巩固上周内容； 3. 掌握新技能，提升自己的综合素质； 4. 明确所学	1. 热身游戏； 2. 上周回顾； 3. 交通安全； 4. 溺水问题； 5. 财产安全； 6. 信息安全； 7. 总结分享	
第八节 自救与他救	2016年4月28日 12:40~13:10	1. 吸引组员学习兴趣； 2. 巩固上节内容； 3. 让内容有结构，更便于理解； 4. 总结分享	1. 热身游戏； 2. 上节回顾； 3. 自救常识； 4. 他救常识； 5. 总结分享	
第九节 安全、回忆	2016年4月28日 13:20~13:50	1. 吸引学习兴趣； 2. 巩固学习内容； 3. 提醒组员注意暑期和寒假安全； 4. 教组员学会预防； 5. 前期内容回顾； 6. 回忆与分享	1. 热身游戏； 2. 上节回顾； 3. 暑期安全； 4. 寒假安全； 5. 地震安全； 6. 内容回顾； 7. 照片一览； 8. 总结分享	
社 工 （签名及日期）			督 导 （签名及日期）	

督导建议：

十、小组总结与评估

(一) 目标达成情况

序号	目标	达成情况 1	达成情况 2	达成情况 3	达成情况 4	依据
1	培养组员的安全意识				√	根据"小组参加者反馈表"中"目标达成情况评价"下"培养组员的安全意识"一栏中,组员的评价平均得分为满分,即认为组员已基本养成安全防范意识
2	教授组员在学校、家庭和社会方面的安全技能				√	根据"小组参加者反馈表"中"目标达成情况评价"下"培养组员的安全意识"一栏中,组员的评价平均得分为满分,即认为组员已基本掌握安全基本技能
3	组员具备处理基本事件的能力			√		根据"小组参加者反馈表"中"目标达成情况评价"下"培养组员的安全意识"一栏中,组员的评价得分为4.86分,即认为组员具备处理基本事件的能力

达成情况:1 未达成;2 部分达成;3 基本达成;4 完全达成,在相应的空格内打"√"

(二) 小组过程评估

	计划的	实际的	是否显著差异?若"是",为何?
对象	襄阳市樊城区困境未成年人	襄阳市樊城区困境未成年人	否
参加人数	7 人	7 人	否
资源投入	300 元	84 元	是,实际不需要太多经费
推行日期	2016 年 4 月 14 日	2016 年 4 月 14 日	否
小组内容/形式	游戏、方法、情景模拟、总结与分享	游戏、方法、情景模拟、总结与分享	否

续表

(三) 专业反思

1. 小组的内容及形式

　　在本次小组活动内容中，活动内容方面，社会工作者主要是按照热身游戏、正文及总结分享三个模块进行的设计。

　　在形式上，主要通过组员喜爱的做游戏、提问、方法讲解、情景模拟等形式，对组员进行教授

2. 小组的时间、频次、地点

　　小组开始于2016年4月14日，终于2016年4月28日；共开展9节，每次开展3节，共3次；于襄阳市樊城区樊西实验小学科学实验室内开展

3. 参加者的表现及满意程度

　　对参加此次小组活动，组员们都表示很开心，并且在知道小组活动快要结束时，更加珍惜参加小组活动的时间，组员们在参与小组活动时，社会工作者提出问题，都是积极地举手回答，且热情很高

4. 社会工作者的角色及发挥

　　社会工作者在开展此次小组活动时，主要发挥如下角色。

　　引导者：社会工作者引导组员学习技能；

　　教授者：社会工作者教授组员知识；

　　引导者：社会工作者在开展小组活动的过程中，对组员进行学习引导

5. 工作人员的分工与合作情况

　　小组共有三名社会工作者，一名是主讲，一名负责签到并引导组员参与小组活动，一名拍照片。在小组开始前，将任务分配好

6. 遇到的困难

　　在本次小组活动中，存在的困难是组员们不太遵守纪律。对此，社会工作者在活动刚开始时，在小组规则中，明确地和组员们讲述了在小组活动中应遵守的规则，并讲明惩罚措施，请组员们自觉遵守纪律

7. 是否推荐小组继续沿用？所持理据是什么？

　　本次小组活动，依旧推荐沿用。理由是在小组反馈表中，在"小组参加者反馈表"中，在"如果将来举办相关或类似的小组，我愿意介绍好友参加"一栏，组员的平均分为满分5分，即对开展的小组表示非常满意

8. 跟进及建议

　　对于本次小组活动的开展，应该在形式和内容上更加丰富

12. "共创友爱之家"公寓长者参与能力提升小组

一、案例背景

襄阳市致远社会工作服务中心自2015年3月起，连续两年承接湖北省民政厅"爱满荆楚"项目（空巢特困老人增能社会工作服务）。在项目运营期间，通过调研了解到襄阳市樊城区某城乡接合处A街道有一座新成立的老年公寓B居住空巢老人达80人，其中自理老人35人，半自理老人25人，不能自理老人20人。据院方反映，这些老人的子女有的在外地，有的在本地但工作非常繁忙，无暇照顾老人，于是被子女送入公寓养老。在这些老人中，来自农村和城市的老人各占一定比重，老人们因生活习惯、为人处世方式存在较大差异，难以相互接纳。另外，公寓作为一个新的生活环境，老人们对于院内活动的参与意识较低，难以融入院内生活。

致远社会工作者经过同院方领导的沟通，决定针对此情况开展"共创友爱之家"公寓长者参与能力提升小组。通过开展小组活动，促使老人之间相互尊重、相互倾听，提升老人的参与能力，促进低龄老人帮助高龄老人，实现"互帮互助，共创友爱之家"。

二、分析预估

1. 小组开展的必要性分析

B公寓所在的城市，居民普遍对于公寓养老不太理解，很多老人因为家庭养老不足、与家人不合或有身体疾病无法自理等被迫来到老年公寓，与枯燥乏味的院内环境和陌生的交往人群格格不入，觉得生活无聊沉闷、缺乏可交心的朋友，精神文化生活和情感需求不能得到满足，较容易产生悲观消极的厌世想法。长此以往，会使老人陷入"留在公寓难以适应和离开公寓无所依靠"的两难境地，严重影响老人身心健康和幸福指数。开展长者参与能力提升小组活动，组织老年人共创共建共享和谐友爱的院内养老环境，让老人在养老院能够交到朋友，互帮互助，有利于让老人产生归属感，提高生活质量和老年幸福指数。

2. 小组活动开展的优势分析

（1）服务对象存在一定的改变动机，很多老人在院内已经感觉到生活无聊沉闷、缺乏可交心的朋友，精神文化生活和情感需求不能得到满足。

（2）院方领导曾经在沿海地区学习过社会工作相关知识，很认同社会工作的理念，对社会工作者信任度较高，相信通过社会工作者的介入可以产生积极的影响，解决当前存在的问题。

（3）社会工作者在小组设计过程中采用了比较专业积极的服务理念，利用优势视角和整合视角的方式设计小组计划，可以充分利用院内已有资源，容易得到支持。

3. 小组活动开展的挑战分析

（1）老年人存在"性格、健康和活动能力"等个体的差异性，不是每位老人都适合做志愿者，也不是每位不能自理老人都能接受志愿者服务。

（2）公寓老人原本是享受服务的主体，从享受服务变为开展服务和提供服务，观念上的转变会成为小组活动开展过程中的挑战。

（3）在活动开展过程中，低龄老人本身的安全以及避免高龄不能自理老人受到二次伤害都需要社会工作者在引导过程中充分考虑和预防。

三、服务计划

1. 小组理念

活动理论认为，老年人在生理、心理以及社会交往方面的需求，不会因为老化带来的变化而改变，个体进入老年阶段仍期望参与社会活动，保持中年时代形成的生活方式，维持原有的角色功能，以证明自己仍未衰老。有活动能力的老年人比没有活动能力的老人更容易感到满意，更能适应社会。因此，老年人应积极参与社会，提升参与能力，在参与社会中肯定自我，保持生命活力。

2. 小组目标

小组总目标是促使服务对象间相互尊重、相互理解，提升服务对象参与能力。

成效目标包含三个：（1）提升服务对象的参与意识，建立院内互助公约一则（见附件1）；（2）发展一支15人以上的长者志愿者队伍;(3) 提升服务对象的参与能力,形成志愿者常规活动两项。

3. 小组性质

(1) 成长型、支持型小组。

(2) 节数:8 节。

(3) 人数:15~20 人。

4. 对象

B 公寓内参与能力不足的老人。

5. 时间

2017 年 6 月 8~30 日,每周二、周四 15:00~17:00。

6. 地点

B 公寓活动室。

7. 招募方式

院方推荐、社会工作者筛选相结合。

8. 评估设计

序号	评估方式	具体内容
1	院方工作人员评估	根据院方的反馈意见进行评估
2	社会工作者自我评估	根据成效目标达成情况进行评估
3	服务对象评估	通过发放满意度反馈问卷,收集服务对象意见和反馈
4	协助同工评估	根据协助的同工评估进行意见的收集

9. 预见困难和对策

序号	可预见的困难	对策
1	小组成员在小组活动开展过程中出现身体不适	每节小组活动时间控制在40分钟以内，在小组活动进展过程中注意观察老人身体状况，及早预防
2	小组成员中途离开	招募服务对象时充分考虑到老人的身体状况和认知状况的一致性； 在制定小组规范时确保小组成员都参与并保证落实
3	小组成员缺席或沉默	小组活动开展时间选择方面充分和院内社会工作者沟通，通过院内社会工作者保证服务对象的出席率； 社会工作者积极引导和鼓励小组成员发言
4	服务对象在小组活动开展过程中出现情绪化问题	在小组活动内容设计方面考虑到每个服务对象的接受度和相关禁忌，服务对象如果出现突发的情绪性问题应在不影响小组活动进展的情况下予以安抚，并在当次小组活动结束后与服务对象沟通，询问原因

10. 小组程序

节次	主题	目的	具体内容
第一节	说说我们的目标和期望	1. 社会工作者和服务对象间、服务对象和服务对象间互相认识； 2. 共同制定小组目标和小组规范； 3. 讨论保密原则和建立契约	1. 热身游戏——萝卜拍游戏（所有参与者手牵着手围成一圈，给每个人以颜色或数字命名，任意指定一个萝卜开始拍手，同时还要念词，再指定别的萝卜做同样动作，目标要一致，依此类推但不能马上回指。做得不准确的服务对象要介绍自己，并表演一个节目）； 2. 引导服务对象说出自己参加活动的期望； 3. 介绍小组活动目的和安排，让服务对象充满期待； 4. 社会工作者带领小组制定小组规范

续表

节次	主题	目的	具体内容
第二节	回忆美好的参与记忆	1. 引导服务对象回顾曾经参与的印象非常深刻的活动； 2. 引导服务对象认识到参与的积极价值； 3. 提升服务对象的参与意识	1. 热身游戏——开火车。方法：在开始之前，每个人说出一个地名，代表自己，但是地点不能重复。游戏开始后，假设你来自北京，另一个人来自上海，你就要说："开呀开呀开火车，北京的火车就要开。"大家一起问："往哪儿开?"你说："上海开。"代表上海的那个人就要马上反应接着说："上海的火车就要开。"然后由这个人选择另外的游戏对象，说："往某某地方开。"如果对方稍有迟疑，没有反应过来就输了；兴奋点：可以增进人与人的感情，而且可以利用让他或她"开火车"的机会传情达意； 2. 回顾上次小组活动内容； 3. 头脑风暴——想一想你曾经参加过的印象深刻的一个活动是什么，通过参加印象深刻的一次活动你认为收获了什么； 4. 社会工作者引导、记录和罗列老人们想出的能够帮助他人的点子
第三节	讲讲我们助人和被助的经历	1. 引导服务对象通过回想自己得到过的帮助和助人行为以及感受，明白帮助人和被帮助都是一件很有意义的事情； 2. 促使提升助人意愿	1. "雷锋"照片欣赏——找出一些老人日常生活中互相搀扶和亲密聊天的照片，让老人谈谈看到这些照片后的感受； 2. 服务对象轮流讲述自己曾经得到过的帮助和给予别人的帮助并分享感受； 3. 社会工作者总结归纳：一个互助支持的环境是友爱温馨的环境，但是这种环境需要大家齐心协力、共同营造； 4. 赠送小礼品

续表

节次	主题	目的	具体内容
第四节	参与能力提升小贴士	1. 引导服务对象认识参与能力的层次； 2. 鼓励服务对象分享参与能力提升的经验； 3. 社会工作者分享参与能力提升建议	1. 每个服务对象用一个词表达对小组及其整个小组活动过程的感受； 2. 活雷锋推选——服务对象推选出几个助人活动多的"标杆"，并由社会工作者授权院内社会工作者为其颁发荣誉证书； 3. 社会工作者讲解参与能力的层次； 4. 小游戏：眼疾手快。参与者必须按照主持人的要求做出相应的与此相反的动作。比如社会工作者说"左手"，大家就要举起右手；主持人说"右眼"，大家就要指左眼。游戏可以让老人活动手脚，锻炼手脑配合能力，鼓励他们在能力范围内多进行身体锻炼。服务对象分享参加活动的感受，并说出自己在那次活动中都做了些什么。（重点分享愉快经历中自己做了哪些努力） 5. 社会工作者结合自己经验举例分享参与能力提升的方法
第五节	量力而为，助人爱己两不误	使服务对象形成在帮助他人的过程中保护自我的意识，保证助人活动对自己、对他人的安全可靠性	1. 社会工作者宣读上节服务对象们罗列的在院内生活帮助他人的点子，并引导服务对象一一分析这些助人行为的可行性和危险性； 2. 举例子——朱爷爷助人受伤的实例； 3. 总结归纳，助人行为很值得提倡，但是要保证自身的安全性； 4. 家庭作业——一周内做一件助人为乐的事情或者感受一次别人给予的帮助
第六节	让助人和互助行动起来	促使服务对象把助人和互助的理念落到实处	1. 回顾上次小组活动内容，分享一周内助人或受助经历； 2. 组织服务对象在院内集体做一件助人活动（或者组织老人入户，为半自理的老人或者自己希望帮助的老人送一件小礼物）； 3. 分享助人活动的感受

续表

节次	主题	目的	具体内容
第七节	参与的最高境界	1. 引导服务对象认识参与的最高境界——志愿服务； 2. 提升志愿服务的理念和方法； 3. 在服务对象中形成一支服务老年公寓的志愿者队伍	1. 活动介绍：数青蛙游戏（游戏规则是，随机抽取6名参加游戏的人员，排成一队。首先，第一个人从一只青蛙开始数起，"一只青蛙一张嘴，两只眼睛四条腿"，接着下一个人数两只青蛙，"两只青蛙两张嘴，四只眼睛八条腿"，然后数三只、四只，以此类推。数错的人依次被淘汰，最后留下的一个人为优胜者）。 2. 观看关于志愿者服务的视频或社会工作者分享好人好事。 （1）想想这个视频讲了什么样的好人好事，有什么感受； （2）动脑筋想一想志愿者是做什么的； （3）在日常生活中有没有受到志愿者的帮助，如果有，与服务对象分享受到他人帮助的感受；社会工作者分享志愿者事例。 3. 服务对象讨论志愿者的精神和加入条件。 精神：奉献、友爱、互助、进步； 条件：健康、自愿、热情、不求回报。 4. 在B公寓内有没有必要发展一支志愿者队伍，并说明理由。 5. 如果计划在B公寓内开展志愿者服务，有哪些建议（低龄老人帮助高龄老人是否可行，讨论服务内容）。 6. 愿意参加低龄老人帮助高龄老人的服务对象报名，并选举长者义工队队长。 7. 布置作业（队长制订下一周服务计划并实施）

续表

节次	主题	目的	具体内容
第八节	永恒的记忆之爱的分享	1. 通过照片展示、表达感悟、共同制作照片墙的活动结束此次小组活动； 2. 巩固服务对象之间的感情，方便后期共同为院内其他老人服务和自我服务	1. 爱的抱抱游戏（选一个人当指挥员，其他人围成圈跑，指挥员喊爱的抱抱，爱的抱抱，爱的抱抱，一直喊，最后说一个数。指挥员说的数字必须少于转圈的人数，然后让那些转圈的人自己组团抱在一起，人数必须是裁判说出的数字，最后淘汰掉没有符合抱在一起数目的人）。 2. 参加老年义工队的服务对象现场报名，并选举队长（队长和志愿者代表分别发言）。 3. 加入志愿者的服务对象讨论今后的服务方向，队长制订后期的服务计划。 4. 服务对象分享参加小组活动的感受，社会工作者总结，对于服务对象的不舍情绪，社会工作者进行安抚，并告知服务对象社会工作者会定期探访。 5. 引导服务对象填写参加者反馈表，鼓励服务对象轮流发言，表达对小组活动的看法以及对社会工作者的评价。 6. 小组成员集体拍照留念

四、服务计划实施过程（详见附件 2 小组服务记录）

序号	实施阶段	时间	工作任务及分工
1	筹备期	2017 年 5 月 15 日	致远社会工作者到 B 公寓了解空巢老人基本情况，调研其服务需求
		2017 年 5 月 19 日	致远社会工作者与 B 公寓领导初步沟通，明确院方需求和小组主题
		2017 年 5 月 22～23 日	撰写小组活动计划书，并上交 B 公寓院方领导，再次沟通确认小组方案
		2017 年 5 月 25～26 日	与 B 公寓工作人员协商，共同招募和筛选服务对象，并选定小组活动开展场地
		2017 年 6 月 5 日	筹备小组活动所需物资

续表

序号	实施阶段	时间	工作任务及分工
2	实施期	2017年6月7日	召开第一次小组活动（1~2节）
		2017年6月14日	召开第二次小组活动（3~4节）
		2017年6月20日	召开第三次小组活动（5~6节）
		2017年6月23日	召开第四次小组活动（7~8节）
		2017年6月30日	小组评估；整理相关材料，撰写总结报告

1. 筹备期：2017年5月至6月初

致远社会工作者在项目调研过程中，了解到B公寓老人有"互助融合，增强归属感"的需求后，实地拜访了院方领导，向院方领导介绍了致远社会工作服务中心"爱满荆楚"项目的服务理念和内容。院方领导表示很认可，也很欢迎致远社会工作服务中心社会工作者到院内开展活动。随后，双方就服务主题进行洽谈，最终确定"共创友爱之家"公寓长者参与能力提升小组，希望通过小组活动的开展，提升院内老人的参与能力，并组建一支低龄老人帮助高龄老人的长者志愿队伍，在院内营造互帮互助的友好氛围，增强院内老人的归属感和幸福感。

2. 实施期：2017年6月

（1）实施初期：2017年6月1~7日。

①热身游戏和开放分享，建立相互信任的关系。

首先，社会工作者做简短的自我介绍后，介绍此次小组活动的内容、时间、目标和主题，让服务对象对整个小组活动有所了解，在后续的小组活动开展中按时参加，并确定合理的期待。其次，通过"名字接龙"让社会工作者和服务对象间、服务对象和服务对象间相互认识，相互熟悉，为接下来的内容做铺垫，通过三轮游戏，服务对象间都相互认识，个别记忆稍差一点的老人，在社会工作者的帮助下，通过握手、拥抱等方式记住名字。最后，社会工作者引导服务对象制定小组规范，引导服务对象说出自己参加此次小组活动的期待，服务对象积极参与分享，社会工作者对服务对象的期待进行总结，肯定服务对象所说的以后会积极参加活动、互相帮助，鼓励大家在今后把这种积极参与的热情传递下去。

②参与能力话题的导入，激发提升参与能力的共识。

在小组活动开展过程中，社会工作者引导老人们回忆在过往参与活动的经历中印象最深刻的一次活动，并说一说参与活动的积极价值是什么。社会工作者首先以开放的姿态袒露自己作为组织者带领老人参与小组活动的积极价值，通过组织老人参加小组活动，社会工作者了解到老人的需求，认识熟悉每位老人，老人们在活动中感到开心，自己也很满足；随后陈爷爷说："通过参加小组活动与院里的老人增加了熟悉程度，晚年生活多样化，很充实，大家和谐友爱，像一家人一样很温暖。"徐奶奶说："通过参加活动自己朋友圈扩大，参与能力提升，会主动与大家分享，且会主动帮助别人。"通过服务对象的积极分享，达成要提升参与能力的共识。

（2）实施中期：2017年6月8～20日。

①通过助人视频案例分享，引导服务对象认识互帮互助的参与理念。

社会工作者组织服务对象观看志愿者服务的视频，通过观看视频，社会工作者抛出两个话题：一是想一想视频中讲了什么样的好人好事，二是在日常生活中有没有受到志愿者的帮助。视频看完后，李奶奶发言说："视频中讲了，社区的低龄老人探望高龄老人，陪独居、空巢老人聊天，看完后内心受到触动，自己在生病的时候，院里的老年朋友经常帮我打饭，鼓励我做健身操，如今我的身体好了，我也希望帮助楼上不能自理的老人做些事情，哪怕是看望一下他们。"夏爷爷说："我看到社区的志愿者去那些空巢老人家里陪伴他们，他们很开心，帮助他们捏捏肩、捶捶背，使他们感受到外界的温暖，我们每个人都有老的一天，不要嫌弃那些高龄老人，看到视频中志愿者们对他们关心爱护，像一家人一样，内心很温暖。"社会工作者总结了老人们观看视频的感受，视频中志愿者帮助独居、空巢的高龄老人，服务对象们感到外界的温暖，心中也有此想法，在自己有限的时间内帮助院内不能自理的老人，哪怕是陪聊天，也能让他们感到大家庭的温暖与爱。通过视频案例的分享，服务对象们加深了互帮互助的服务理念。

②通过组织助人活动，引导服务对象感受助人价值。

为了让服务对象亲自感受助人的价值，体会到助人的快乐。社会工作者教授服务对象做丝网玫瑰花，并鼓励老人将自己制作的玫瑰花送给其他老人，真正践行"助人自助"的理念，把互助友爱落到实处。社会工作者将服务对象分成三组，每位社会工作者带领四个服务对象制作玫瑰，老人们在看到玫瑰的成品后觉得很不错，抱着跃跃欲试的心态与社会工作者认真地学习起来。在社会工作者的引导下，服务对象们花了半个多小时将玫瑰制作完毕，老人们在社会工作者的带领下，将做好的玫瑰花送给与之对应的不能自理的高龄老人。在送花活动结束之后，社会工作者询问了服务对象将自己所做的玫瑰赠送给别人后自己及别人是怎样的心情，服务对象们都回答自己及其他老人都觉得很开心，即所谓"赠人玫瑰，手留余香"。

③倡导成立院内志愿者队伍，践行互帮互助的参与理念。

首先社会工作者引导服务对象讨论在公寓内有没有必要发展一支志愿者队伍，服务对象们都同意发展志愿者队伍。然后，社会工作者引导服务对象讨论志愿者的服务精神，服务对象张奶奶说："互相帮助。"陈爷爷说："团结友爱，要像家人一样相互关心，本来大家相遇在公寓就是一种缘分。"大家纷纷发言，社会工作者总结志愿者精神：奉献、友爱、互助、进步。随后，就志愿者服务内容，服务对象们纷纷发表自己的看法。服务对象们一致认同低龄健康老人可以针对高龄不能自理老人开展陪伴聊天、每周一次探望、活动时帮助捏捏肩、捶捶背等力所能及的事情，让老人觉得有人关心他们。最后，社会工作者向服务对象说明加入志愿者的条件：健康（身体必须是健康的）、自愿（不强迫哪一位老人加入自愿者，根据自身情况而定）、热情（对志愿者活动要有热心、爱心）、不求回报（不要求给予报酬，无偿地奉献自己的一点力量）。在社会工作者的倡导下，有20名老人加入了低龄老人帮助高龄老人的队伍。

（3）实施后期。

①通过服务对象民主讨论，制订院内互助条例和志愿服务内容。

一是环境适应：当有新来的老人刚刚入住的时候，带他熟悉周边环境、为他介绍院内情况，帮助他熟悉环境。

二是陪伴倾听：当老人无聊、想家或孤单的时候，陪他说话聊天，倾听他内心的感受，有集体活动的时候叫上他一起参加。

三是生活关爱：当老人感觉不舒服或者生病的时候，经常去关心、探望并询问是否需要其他帮助；帮助视力不佳和行动不便的老人打水；看到有人摔倒，上前扶一把；帮助坐轮椅的老人推轮椅；有不能自理的老人需要帮助，自己又帮不了时，帮他呼叫工作人员。

四是不伤害：不故意揭别人伤疤，说话的时候多换位思考，考虑他人感受，站在他人的角度想一想。

五是不散播谣言，不制造恐慌。

六是遵循量力而为原则，助人在自己的能力范围内，有危险的和自己不能承受的忙不帮。

七是对第三方无伤害原则，不能顾此失彼、为了帮助一个人伤害其他人。

八是理性原则，明辨是非，维护公正。

②搭建志愿者团队架构，制订志愿服务计划。

参加老年义工队的服务对象报名，并从中选举队长，在社会工作者向服务对象介绍参加义工队的要求后，服务对象纷纷报名，当然其中服务对象也有疑问，李奶奶说："帮助不能够自理的老人做手指操，他们有的老人不能够说话怎么办？"张奶奶说："我们就是每周两人结对去探望不能自理的老人，陪他们聊天，关心一下他们对吗？"针对服务对象的提问，社会工作者一一解释，告知老人志愿者活动主要是针对院内的老人做服务，就是低龄老人帮助高龄老人，形成一种大家庭的氛围，互帮互助。随后确定20名服务对象参加院内志愿者活动，同时在服务对象中选出两名队长协助驻院社会工作者的工作，在服务对象的投票选举中，选出孟奶奶和徐奶奶为队长，最后两名队长都各自发言，表示在今后的活动中会协助院内驻岗社会工作者，同时每周会带领志愿者帮助高龄老人，让高龄老人、不能自理的老人感受到关爱，形成友爱互助的大家庭。最后，社会工作者总结了接下来的志愿服务计划：每周服务两次，一次是低龄老人去探望不能自理老人，开展陪伴聊天、讲故事、讲新闻等服务；一次是低龄老人带领高龄老人一起在活动室活动——"做游戏""动动筋骨"等服务。

五、总结评估

1. 小组过程评估

(1) 筹备工作。

此次小组活动是在多次与院方领导、院方工作人员和老人沟通之后，社会工作者根据老人的需求，综合多方面因素拟定的主题，主题符合院方和老人的共同需求；

此次小组活动工作人员以致远社会工作者为主，B公寓内的社会工作者为辅，每次小组活动前都经过充分准备与沟通，物资准备齐全，筹备工作较完备

(2) 目标达成。

小组的目标达成。小组的总目标是让服务对象之间相互理解，相互尊重，提升服务对象的参与能力，创建和谐友爱的院内养老环境，提高老人的归属感和院内生活幸福感。具体目标：一是提升服务对象的参与意识，建立院内互助公约一则；二是发展一支15人以上的长者志愿者队伍；三是提升服务对象的参与能力，形成志愿者常规活动两项。在小组开展过程中这些量化目标均已达成

续表

(3) 内容形式。

小组活动以小组分享、老人互动游戏为主要形式，辅之以观看视频、实践行动，内容比较丰富且适合老年人需求

(4) 人手分工。

在每节小组活动开展前都有活动细节表，活动细节表对人员分工有明确叙述，活动均按照人员分工而定，人员具体负责内容比较明确。但此次小组时间周期比较长，工作人员流动比较大，在分工方面变化较大，对于老人的适应而言具有较大挑战

(5) 参加者表现。

除第4节小组活动外，参加者表现都较积极，发言踊跃、按照小组规范和行动准则做事情。第4节小组活动，参加者之所以不积极、现场气氛不够活跃，主要是因为服务对象不注意听问题，自己在下面说小话，在以后的小组活动中要引以为戒

(6) 社会工作者表现。

负责带领的社会工作者能准确把握小组主题，紧扣小组目标设计活动，在小组的各个阶段，能合理定位角色，保证整个小组的顺利运行。协助人员明确自身工作职责，能很好地配合带领社会工作者，确保小组在安全有序的环境中进行。协助人员兼顾到每个服务对象的特殊性，保证服务对象都能在小组内部得到成长

2. 小组成效评估

成效类型	具体表现
服务模式	探索"社会工作者+养老院+义工"的整合服务模式，深化"健康管理+困境应对+社会参与"的多重能力提升路径
互助条例	1. 通过民主协商，制定公寓互助条例，明确公认的互助内容和方式； 2. 互助条例得到院方支持和推广，成为公寓管理的补充内容； 3. 公寓老人若违反互助条例将受到道德谴责
志愿者队伍	1. 志愿服务精神得到院内老人的认同； 2. 院内成立一支20人的低龄老人帮助高龄老人的长者志愿队伍； 3. 成立志愿者管理团队，选举产生队长和副队长以及组长

续表

成效类型	具体表现
志愿服务	1. 确定常规服务时间，每周开展2次； 2. 确定常规服务内容，低龄老人去探望不能自理高龄老人，开展陪伴聊天、讲故事、讲新闻等服务；低龄老人带领高龄老人一起在活动室活动——"做游戏""动动筋骨"等服务； 3. 确定2名老人为"爷爷奶奶一堂课"的讲师，践行"孩子受教育，老人得尊重，文化有传承"的理念

服务达到预期目标，成效较为显著。小组服务探索了"社会工作者+养老院+义工"的整合服务模式，深化了"健康管理+困境应对+社会参与"的多重能力提升路径。通过社会工作者的小组形式介入，孵化了院内首支志愿者队伍，建立管理架构和互助服务条例，确定低龄老人帮助高龄老人的方针和具体的志愿服务计划。同时，社会工作者还发展了两名老人作为"爷爷奶奶一堂课"的讲师，确定了"汉江环保"和"三国文书"的演讲主题，践行了互帮互助的志愿服务理念，提升了院内老人的参与能力，增强了院内老人的归属感、幸福感和生活质量。

六、专业反思

（1）在公寓老人社会工作者介入方面，应注意以公寓老人的需求为本，并注意挖掘公寓本身的资源和能力，通过组织公寓内低龄老人帮助高龄老人，解决公寓本身存在的老人之间相处不融洽、融入度不高和归属感低下的问题。

（2）互帮互助是社会工作服务的重要理念，社会工作者在开展服务过程中，不仅要注意在服务过程中带给服务对象的积极改变，更要注意从长远角度，改善服务对象所在的微观或中观环境，为服务对象带来持久的改变，真正实现助人自助。

（3）活动理论在老年人社会工作开展过程中具有重要的意义，它揭示了活动特别是有益活动对老人身心健康起着不可替代的作用。社会工作者要注意营造积极的有利于老年人身心健康的活动，扩大老人的社会支持网络，让老人在活动中感受到自我价值和满足感。

（4）"爷爷奶奶一堂课"是提升长者参与能力的重要途径和形式，通过组织有底蕴、有文化、有特长的老人为儿童青少年讲述自己对生活、对社会、对文化的看法，可以极大地激发老人的参与兴趣，提升老人的参与能力，实现"孩子受教育，老人得尊重，文化有传承"。

附件1 互助公约

襄阳容善老年公寓长者互助条例

一、院内老人可以互相帮助做什么

（一）环境适应：当有新来的老人入住容善时，带他熟悉周边环境、为他介绍院内情况，帮助他适应环境。

（二）陪伴倾听：当老人无聊、想家或孤单的时候，陪他说话聊天，倾听他内心的感受，有集体活动的时候叫上他一起参加。

（三）生活关爱：当老人感觉不舒服或者生病的时候，经常去关心、探望并询问是否需要帮助；帮助视力不佳和行动不便的老人打水、做力所能及的事；看到有人摔倒，上前扶一把；有部分自理和全护理老人需要帮助，自己又帮不了时，帮他呼叫工作人员。

（四）不伤害：不故意揭别人伤疤，说话的时候多换位思考，考虑他人感受，站在他人的角度想一想。

（五）不散播谣言，不制造恐慌。

二、互帮互助应该注意的原则

（一）量力而为原则，助人在自己的能力范围内，有危险的和自己不能承受的忙不帮。

（二）对第三方无伤害原则，不能顾此失彼、为了帮助一个人伤害其他人。

（三）理性原则，明辨是非，维护公正。

附件2　小组服务记录

第一——二节小组过程记录

一、基本信息			
名称	"共创友爱之家"公寓长者参与能力提升小组	编号	SQ-KC-04-2017-G01
时间	2017年6月8~30日	地点	容善老年公寓
节次	第一——二节	出席人数	
本节目标	1. 社会工作者和服务对象、服务对象和服务对象关系构建； 2. 介绍此次小组活动的内容和时间； 3. 共同制定小组目标和小组规范； 4. 讨论保密原则和建立契约		
二、过程记录			

续表

第一节小组过程记录
　　首先，社会工作者做简短的自我介绍后，介绍此次小组活动的内容、时间、目标和主题。内容是让服务对象对整个小组有所了解；时间安排是保证在小组活动开展中按时参加；目的是让服务对象认识到通过参加小组活动，使服务对象之间相互尊重、相互理解，提升服务对象参与能力。
　　其次，通过"萝卜拍"游戏让社会工作者和服务对象间、服务对象和服务对象间相互认识，相互熟悉，为接下来的内容做铺垫，通过三轮游戏，服务对象间都相互认识，个别记忆稍差一点的老人，在工作人员的帮助下，通过握手、拥抱等方式记住名字。总体来说，这一节小组活动举办较为成功，取得的效果也是理想的。

第二节小组过程记录
　　第二节开始，社会工作者主要围绕服务对象对参加小组的期待、期望展开。一开始，老人不知道社会工作者所说的期望是什么，比较沉默，随后社会工作者通过举例说出参加小组活动有什么期望，引导服务对象说出自己的期望。王奶奶说："我希望参加小组活动，自己能够交到更多的朋友，会更加开心。"接着，爷爷、奶奶们都畅所欲言，说出了自己的期望。社会工作者对服务对象的期待做了总结，肯定了服务对象所说的以后会积极参加活动、互相帮助，鼓励大家在今后把这种积极参与的热情传递下去。
　　中场休息后，社会工作者分组带动服务对象制定小组规范，强调本次小组为封闭式小组，12个老年服务对象已经确定，不再接受其他老人的报名和加入，在小组内讨论的任何事情请大家不要在组外讨论，坚持保密原则；并且让服务对象讨论小组活动的规范，每组工作人员为组长，老人所讨论的小组纪律，在讨论结束后每个组由工作人员向大家分享，一致认可的规范将会整理后贴在门口。小组后续安排：每周周二或周四下午15:00～16:00开展小组活动，请大家准时到达。特殊情况须向社会工作者或相关工作人员请假。非特殊情况，服务对象不得提前退场。

三、工作反思

1. 优点：
　　在本次小组活动中，服务对象在社会工作者的引导下，相互交流，积极参与小组目标基本达成。
2. 不足：
　　小组刚开始的时候，服务对象对参加这次活动不太了解，导致最开始气氛有些尴尬；
　　社会工作者语速过快，服务对象因为一些原因不能理解，接受力不强。

四、跟进计划

1. 社会工作者在每次小组活动开始后，会向服务对象讲清楚本节次的内容，方便服务对象对本节次活动的理解；
2. 社会工作者在同老人沟通时会注意说话语速，尽量多重复，或者换种说法，使老人清楚。

负责社会工作者 （签名及日期）		项目主管 （签名及日期）	

第三——四节小组过程记录

一、基本信息

名称	"共创友爱之家"公寓长者参与能力提升小组	编号	SQ-KC-04-2017-G01
时间	2017年6月8～30日	地点	容善老年公寓
节次	第三——四节	出席人数	10人
本节目标	1. 回顾上节活动内容； 2. 头脑风暴——想一想参加过的印象深刻的活动； 3. 通过参加印象深刻的活动收获了什么； 4. 引导服务对象分享参加此节小组活动的感受		

二、过程记录

第三节小组过程记录

第三节主要是围绕互助由组内的成员分享自己曾经帮助过别人的经历，或者自己曾经被别人帮助的经历并谈感受这一主题进行，在服务对象轮流分享的开始阶段，老人们比较沉默，持观望态度，不敢发言。经过社会工作者的鼓励、示范和带动后，服务对象才逐渐活跃起来，先后将自己被人帮助的经历讲述出来。但老人们都比较谦虚，没有讲述自己帮助别人的经历，但大多数老人都讲述了其中一位老人朱爷爷对他们的帮助。在这一事件的引导下，老人们也都渐渐地讲述出自己帮助他人的经历。社会工作者做了简要的总结和评价，肯定大家的助人精神和热情，鼓励大家把这种互助友爱的精神传递下去。

10分钟的放松活动后，社会工作者请所有的服务对象对本次小组活动做出一个简洁的评价，服务对象们用"爱心、高兴、欢喜、快乐、有意思、温暖"等词语表达了感受，也表达了对下次活动的期盼。

社会工作者对服务对象们的反馈给予回应，并布置了家庭作业："请每位服务对象回去后认真思考一下在院内我们能为其他老人提供什么样的帮助，下次小组活动时我们共同讨论一下它们的可行性"。最后，项目社会工作者向服务对象送出了小小纪念品，结束本次小组活动。

第四节小组过程记录

第四节社会工作者主要是引导老人说出参与活动的积极价值。一开始社会工作者主要通过逢七遇七又叫明七暗七过（游戏规则：从数字1开始数数，每人数一个数字，在数到含7时就要拍手，表示过，从1数到30要点是自己最好记住那些数字），这个游戏是锻炼老人反应的游戏，大小朋友都可以玩。在社会工作者讲清楚游戏规则，老人们都明白怎么玩后，游戏开始。从徐奶奶开始报数轮流开始，到7的时候刚好在陈奶奶这里，陈奶奶很机智地拍手过，接着就轮到后面的以此类推。第一轮游戏，中间有点不顺畅，有的老人注意力不集中，轮到时就不知道是第几个数了，前面的人就需要提醒，当然了，到后面环节，如果数错数字或者遇到数字"7"没有拍手的就表明被"干掉"，游戏一轮接着一轮，服务对象陆续被"干掉"，最后孟奶奶获胜。服

续表

务对象纷纷向孟奶奶点赞。社会工作者也对孟奶奶给予鼓励。接下来，社会工作者引导老人说一说参与活动的积极价值是什么。社会工作者以身示范，说出自己作为组织者带领老人参与小组的积极价值，通过组织老人参加小组活动，社会工作者了解到老人的需求，认识熟悉每位老人；随后陈爷爷说："通过参加小组活动与院里的老人增加了熟悉程度，晚年生活多样化，很充实，大家和谐友爱，像一家人一样很温暖。"徐奶奶说："通过参加活动自己朋友圈扩大，参与能力提升，会主动与大家分享，且会主动帮助别人。"

三、工作反思

1. 优点：
在本次小组活动中，服务对象参与明显积极，小组时间还没有到，他们都已经在活动室等着；在活动中老人发言积极，小组目标基本达成。
2. 不足：
在本次小组活动中，老人发言时有的老人还在讲话，个别老人因在游戏中犯规表演节目就不开心

四、跟进计划

1. 与院内社会工作者沟通，请院内社会工作者帮忙处理未参与的老人的情绪问题；
2. 引导社会工作者改进工作技巧，合理控制小组活动进程

负责社会工作者 （签名及日期）		项目主管 （签名及日期）	

第五——六节小组过程记录

一、基本信息

名称	"共创友爱之家"公寓长者参与能力提升小组	编号	SQ-KC-04-2017-G01
时间	2017年6月8～30日	地点	容善老年公寓
节次	第五——六节	出席人数	17人
本节目标	1. 社会工作者引导服务对象回顾上节活动内容； 2. 社会工作者讲解参与能力层次； 3. 服务对象分享参加活动的感受，并说出自己在参加的那次活动中做了什么（重点分享愉快经历中自己做了哪些努力）； 4. 社会工作者结合自身经验举例分享参与能力提升的方法		

二、过程记录

续表

第五节 小组过程记录

由于阴雨天，下午天气比较沉闷，午睡起床的老人们精神状态很差。为了让老人们更快清醒过来，全身心投入小组活动，社会工作者带领服务对象先后玩了7分钟的击鼓传花游戏和10分钟的拍拍操游戏，在几轮游戏中，平时不说话的老人都甘愿受罚，唱歌曲、做鬼脸，惹得所有老人开怀大笑，小组气氛很快就调动起来了。

当社会工作者提出上次布置的家庭作业，让服务对象讨论"在院内生活环境中，你能为别人提供哪些帮助和你希望别人给予你怎样的帮助"时，有两个较活跃的服务对象率先发言，但是两个老人的发言都偏离了主题，一个老人继续上次小组讨论的主题，说了很多被人帮助的经历，惹得其他服务对象很不满，认为她"都没听懂问题就急急忙忙说一堆，占用大家时间"。另外一个服务对象提出了对院内整体环境的不满，希望院领导尽快解决医疗和交通问题。尽管社会工作者反复澄清主题，但还是引起其他老人的极大反响，大家一致开始否定院内整体环境。

对于服务对象间的冲突，社会工作者采取了协调和处理冲突的办法，帮助服务对象澄清冲突的本质。对于严重偏离主题的情况，社会工作者采取了唤醒和澄清的办法，帮助服务对象保持对小组本质和整体目标的认识。

最终，服务对象讨论拟定了以下可以帮助别人的点。

（1）环境适应：当有新来的老人刚刚入住的时候，带他熟悉周边环境、为他介绍院内情况，帮助他适应环境。

（2）陪伴倾听：当老人无聊、想家或孤单的时候，陪他说话聊天，倾听他内心的感受，有集体活动的时候叫上他一起参加。

（3）生活关爱：当老人感觉不舒服或者生病的时候，经常去关心、探望并询问是否需要其他帮助；帮助视力不佳和行动不便的老人打水；看到有人摔倒，上前扶一把；帮助坐轮椅的老人推轮椅；有不能自理的老人需要帮助，自己又帮不了时，帮他呼叫工作人员。

（4）不伤害：不故意揭别人伤疤，说话的时候多换位思考，考虑他人感受，站在他人的角度想一想。

（5）不散播谣言，不制造恐慌。

第六节 小组过程记录

如同上次一样在小组开展前，为了调整老人们的精神状态，社会工作者带领小组成员内的老人们一起做了热身游戏——金龙拍拍操。热身游戏的过程中，社会工作者带领大家一起做，速度由慢到快，充分考虑到老人的接受能力。现场气氛很快就被调动了起来，服务对象们振作了精神，全神贯注地投入其中，热身运动中的一些小小动作也可以引起老人们的哈哈大笑，中午的困意一扫而光。

在大厅做完拍拍操之后，社会工作者带领服务对象们回到活动室开始今天的小组进程。由于此次小组换了协助的社会工作者，在小组开始的时候新来的协助社会工作者及服务对象们进行了简单的自我介绍。随后开始回顾上次的小组活动内容，社会工作者将上次小组讨论的长者互助条例进行整理，并当众宣读，安排老年公寓内的社会工作者将此条例张贴出来。之后社会工作者和老人们讲解了此次小组活动的主要内容是和社会工作者一起学着制作

小组工作案例

续表

手工玫瑰花,并将自己做好的玫瑰送给公寓内的其他老人。

社会工作者将服务对象分成三组,每位社会工作者带领四个服务对象制作玫瑰,老人们在看到玫瑰的成品后觉得很不错,抱着跃跃欲试心态与社会工作者认真地学习起来。在社会工作者的引导下,服务对象们花了半个多小时将玫瑰制作完毕,老人在社会工作者的带领下,将做好的玫瑰花送给与之对应的老人。在送花结束之后,社会工作者询问了服务对象将自己所做的玫瑰赠送给别人后自己及别人是怎样的心情,服务对象们都回答自己及其他老人都觉得很开心,所谓"赠人玫瑰,手留余香"

三、工作反思

1. 优点:
在本次小组活动中,服务对象分享与社会工作者互动,并积极发言。
2. 不足:
本次小组活动中,游戏环节老人注意力有不集中的情况

四、跟进计划

1. 与院内社会工作者沟通,请求院内社会工作者协助处理老人随意加入的情况;
2. 对院内整体环境持抱怨态度的老人做相关情绪处理,澄清院外社会工作者的职责权限,并帮助其寻找合适的意见表达途径;
3. 后期小组活动宜采取更多动态活动,减少静坐讨论时间,避免老人因气氛沉闷、无聊或乏味而睡着;
4. 对于小组过程中,相比上次小组活动退步的服务对象,进行关注和鼓励

负责社会工作者 (签名及日期)		项目主管 (签名及日期)	

第七——八节小组过程记录

一、基本信息

名称	"共创友爱之家"公寓长者参与能力提升小组	编号	SQ-KC-04-2017-G01
时间	2017年6月8~30日	地点	容善老年公寓
节次	第七——八节	出席人数	13人
本节目标	1. 引导服务对象认识参与的最高境界——志愿者服务; 2. 提升志愿服务的理念和方法; 3. 在服务对象中形成一支服务老年公寓的志愿者队伍; 4. 处理离别情绪,巩固服务成果		

续表

二、过程记录

第七节小组过程记录

在开展小组活动前，社会工作者同院方工作人员取得联系，并了解到老人通常会午休，所以社会工作者下午2点半到达老年公寓时，大部分老人都已经起床。社会工作者在大厅和多位老人打招呼，老人们都热情地回应，"这么热的天气，辛苦你们了，快点进房间里吹吹空调，别中暑了。"在社会工作者一切准备工作都到位后，小组活动开始。首先，社会工作者带领老人玩游戏，通过热身游戏，活跃小组气氛。在玩游戏中，社会工作者发现老人明显比上一次小组游戏时进入得快，而且服务对象会主动站出来当游戏的指挥员，带领服务对象一起玩。经过几轮游戏热身，社会工作者带领服务对象进入下一个内容，观看志愿者服务的视频。通过看视频，想一想视频中讲了什么样的好人好事，在日常生活中有没有受到志愿者的帮助。视频看完后，李奶奶发言说："视频中讲了，社区的低龄老人探望高龄老人，陪独居、空巢老人聊天，看完后内心触动，自己在生病的时候，院里的老年朋友经常帮我打饭，鼓励我做健身操，如今我的身体好了，我也希望帮助楼上不能自理的老人做些事情，哪怕是看望一下他们。"夏爷爷说："我看到社区的志愿者去那些空巢老人家里陪伴他们，他们很开心，帮助他们捏捏肩、捶捶背，使他们感受到外界的温暖，我们每个人都有老的一天，不要嫌弃那些高龄老人，看到视频中志愿者们对他们关心爱护，像一家人一样，内心很温暖。"社会工作者总结了老人看视频的感受，视频中志愿者帮助独居、空巢的高龄老人，服务对象们感到外界的温暖，心中也有此想法，在自己有限的时间内帮助院内不能自理的老人，哪怕是陪聊天，让他们感到大家庭的温暖与爱。接着陈奶奶、贾奶奶说："视频中的志愿者帮助他们不求回报、无偿为社会的进步做出无私奉献。我觉得这种志愿者精神值得我们学习。""现在城市的交通路口站在烈日炎炎下值班的志愿者也是为社会进步做贡献，不求回报的。"第七节完毕，中场休息10分钟。

第八节小组过程记录

本节开始，社会工作者主要是引导服务对象讨论在公寓内有没有必要建立一支志愿者队伍。首先是社会工作者引导大家做"爱的抱抱"的游戏（游戏规则：选一个人当指挥员，其他人围成圈跑，指挥员喊"爱的抱抱，爱的抱抱，爱的抱抱"，一直喊，最后说某一个数字。指挥员说的数字必须少于转圈的人数，然后让那些转圈的人自己组团抱在一起，人数必须是指挥员说出的数字，最后淘汰掉没有抱在一起够数的人）。这个游戏可以锻炼老人们的反应能力，并且有一定的肢体运动，帮助老人在开展活动之前先做一个热身运动。在社会工作者讲清楚游戏规则，老人们都明白后，游戏开始，徐奶奶很积极地充当团队指挥员，在徐奶奶说"爱的抱抱，爱的抱抱，4"后，有几个老人反应很快就相互挽在一起，还有几个老人注意力不集中，并没有反应过来，就需要有人提醒。在玩过一轮之后，大家的活动积极性被调动起来，大家玩得就很顺畅了。之后又玩了一轮，在不断"爱的抱抱，爱的抱抱+数字"几次后，最后将没有抱在一起够数的人组织起来自发表演一个小节目，

续表

在给予游戏胜利的老人们鼓励的同时,也给予表演节目的老人们赞扬。接下来,社会工作者引导服务对象就看完的视频讨论志愿者的精神,服务对象张奶奶说:"互相帮助。"陈爷爷说:"团结友爱,要像家人一样相互关心,本来大家相遇在公寓就是一种缘分。"大家纷纷发言,社会工作者总结志愿者精神:奉献、友爱、互助、进步。随后社会工作者引导鼓励老人说明有没有必要成立志愿者队伍的理由,社会工作者给服务对象5分钟的讨论时间,讨论结束后,从孟奶奶开始轮流发言,服务对象们的发言很精彩,有少数老人有顾虑,担忧如何服务高龄老人,社会工作者告诉他们:只需要陪伴他们聊聊天、每周一次探望、活动时帮助捏捏肩、捶捶背,让老人觉得有人关心他们。通过大家的发言,服务对象一致觉得有必要成立一支志愿者队伍,最后社会工作者也向服务对象说明加入志愿者的条件:健康(身体必须是健康的)、自愿(不强迫哪一位老人加入志愿者,根据自身情况而定)、热情(对志愿者服务要有热心、爱心)、不求回报(不要求给予报酬,无偿地奉献自己的一点力量)。随后,社会工作者引导服务对象一一观看活动前准备好的照片墙,并鼓励老人们在照片墙上留言以表达感受。最后,社会工作者一一为老人分发合影照片和参加者反馈表,帮助服务对象完成关于本小组的评估和反馈

三、工作反思

1. 优点:
在本次小组活动中,服务对象间互动积极、能够善于提问;
服务对象进入状态快,能够互相帮助。
2. 不足:
本次小组活动中,个别老人懒散

四、跟进计划

与个别懒散的老人沟通,并鼓励他们积极参与

负责社会工作者 (签名及日期)		项目主管 (签名及日期)	

13. "与爱同行"失能老人 OT 康复支持小组

一、小组背景

随着医疗卫生和生活水平的改善,世界范围内人口老龄化的程度正在加剧。全国老龄委指出,60岁以上老年人在2033年将达到4亿,到2050年将占全国人数的1/3。❶按照社会学的标准,如果一个国家或地区有7%以上的人年龄超过(含)65岁,就说明这个国家或者地区已进入老龄化时期。这表明中国人口老龄化的趋势正在迅速攀升。

2016年10月9日,全国老龄委发布了第四次全国老年人口抽样调查报告。其中对老人的性别和年龄结构、经济水平、医疗和健康状况以及老龄产业市场进行详细研究。数据显示,尽管老年人的健康状况不断改善,但失能、半失能的老年人仍然占18.3%,总数达4063万人。老年人的身体状况变化不适应家庭环境的超过60%。❷根据国际日常生活活动能力量表(ADLS),"吃喝,穿衣,上下床,如厕,在房间里走动,洗澡",其中1~2项"不能做"的,被认为"轻度失能";3~4项"不能做"的,被认为"中度失能";5~6项"做不了"的,被认为"重度失能"。我国失能老年人

---

❶ 《中国老年人走失状况白皮书》:每年老人走失50万[EB/OL].(2016-10-09)[2019-07-24]. http://news.ifeng.com/a/20161009/50073567_0.shtml.

❷ 佟新. 人口社会学[M]. 4版. 北京:北京大学出版社,2010:135.

中，84.3%为轻度，中度、重度各占5.1%和10.6%。❶

从失能老人的健康现状来看，完全失能老年人中接近70%认为身体条件较差，80%以上自报患有慢性病。此外，完全失能老人的孤独感更为严重，城乡比例各占41.1%和50%。城乡完全失能老年人中度以上抑郁症状占45%。特别是中度、重度完全失能老年人的心理抑郁状况更为严重。此外，根据民政部中民社会研究院发布的《中国老年人走失状况白皮书》显示，每年全国走失老人约50万人，平均每天走失约1370人。❷ 痴呆和缺乏照护是老年人走失的主要原因。养老问题一直是一个重大的社会问题，失能失智老人更是重中之重，需要全社会的关注和支持。通过调查与研究，发现这些失能老人普遍存在以下需求。

首先是正常生活的需求。

每一个失能失智老人，在失去局部或全部自我照料能力之前，都是一个独立的、具有自我行为能力的个体，他们不必依靠别人完成吃饭、穿衣、洗浴这些简单的操作。但病痛的折磨使他们失去了这些正常生活的能力，他们渴望像正常人一样生活，对于那些不可逆转的完全失能老人来说，完全康复或许没有希望，他们直到临终也只能生活在床榻上、轮椅上，但他们也渴望过正常人的生活，恢复正常人的局部功能，做一些自己力所能及的事，不必完全依靠他人。对于半

---

❶ 我国半能半失能老人4千万平均每天千名老人走失 [EB/OL]. (2016-10-10) [2019-07-24]. https://news.qq.com/a/20161010/001820.htm?t=1476063605856?baike.

❷ 《中国老年人走失状况白皮书》：每年老人走失50万 [EB/OL]. (2016-10-09) [2019-07-24]. http://news.ifeng.com/a/20161009/50073567_0.shtml.

失能老人来说，他们有更多完全康复的可能性，对正常生活的渴望也更大。而对于失智老人来说，他们只是行为认知上的障碍、记忆上的退化，他们尚有行动能力，并没有沦为完全失能的状态，只是在没有人照看的情况下会做出不可思议的事情，比如在公共场所大小便、动辄离家出走，等等，所以家属在不得已的苦衷下会将此类老人拘禁在家中，尤其在农村，这种情况会更常见。对于时而清醒、时而糊涂的失智老人来说，这样做限制了他们行动、外出交往等正常生活，将他们封闭在孤独的环境里，反而使他们性情暴躁、孤僻，严重影响老人的正常生活，加剧病情的恶化。

其次是心理情感支持的需求。

与一般的健康老人相比，失能老人的心理极其敏感而又脆弱，情感需求更为强烈，他们往往情绪低沉，心态消极，极度抑郁，对生活缺乏信心，对于自尊情感极强的老人来说，他们痛恨自己一无是处，讨厌这样没有尊严地活着，成为家庭、亲属的负担，一想到这些他们便渴望早点结束自己的生命旅程。尤其是当失能失智老人长期处于孤独的状态，缺乏陪伴、理解和支持的时候，他们对生命的理解已经变成一种折磨。所以，失能失智老人是极度渴望情感关怀和社会支持的，这是帮助他们继续活下去的信念和勇气，也是我们赋予失能失智老人有尊严生活的人道主义关怀。帮助老人建立稳定、积极的社会支持体系，是提高其身心康复效果的关键，也是提高生活质量的重要因素。良好的社会支持有利于健康，而不良的社会关系损害身心健康。尤其是针对失能老人这一特殊群体而言，更需要得到来自家庭、社会的关心和支持，特别是病人亲属在精神上所给予的支持和帮助，对病人的康复起着决定性作用。

最后是康复训练的需求。

康复训练是从现代康复医学领域所借鉴的理念，它认为每一个行为失能者都有恢复正常活动能力的可能，即使这种可能性暂时不被人们所了解或概率极低，但并不意味着人们没有这种需求，而是这种需求暂且被隐藏，当社会工作与失能失智老人的康复训练工作相结合时，服务对象康复训练的需求应该得到挖掘和发挥，而且这种康复训练的需求不仅包括对身体局部康复或完全康复的需求，如手指的活动能力、眼手及脑手的协调能力、认知和记忆的能力，更包括老人心理康复的需求，如社会交往和支持的能力增强，对生活充满信心，焦虑程度降低，情绪调节能力增强。这种需求观念，着重使老人已退化或即将退化的本能得到局部恢复或巩固，能够从事更多的日常行为活动，使老人的心态更为健康和积极，朝着身心健康协调一致的方向发展。

笔者在襄阳市民福社会工作机构（以下简称 M 机构）的实习中，接触到失能失智老人这样一个弱势群体。2017 年 M 机构承接了中央财政项目，为襄城区 10 家养老机构的失能失智老人搭建社会照顾网络，在持续推进各项社会工作服务的过程中，结合服务对象的实际需求，听取专业康复师的指导，以康复专业中的作业疗法为依据，通过 OT 作业桌配套的康复器材，采取小组工作为失能老人开展活动。小组工作介入失能老人服务具有以下优势。

（1）受益人群广。小组工作介入失能失智老人的康复训练，可以弥补医疗机构和康复训练无法涉足家庭养老中失能失智老人的缺陷，更可以弥补康复训练费用高昂，普通家庭无力承担的缺陷。社会工作介入失能失智老人，属于公共服务项目，由政府全额拨款，能够惠及更多的家庭养老的失能失智老人；可以链接医疗志愿者进社区、养老机构进行义诊，普通志愿者进社区探望陪伴失能老人，为失能失智老人提供更多普惠性服务。

（2）重视老年人的双重需求。小组工作方法配合康复训练的作业疗法打破了以往的小组工作模式，即小组工作方法只着重关注为失能失智老人提供情感支持和关怀，而不关注失能失智老人康复训练的需求和可能性，并且因为失能失智老人行动不便或丧失行动能力，介入的对象只能是失能失智老人的配偶、子女、保姆等照顾者，没有考虑到本位需求，实行的是间接介入的工作模式。新的小组工作方法摆脱了旧式工作模式的弊端，不仅注重老年人的心理需求，而且更注重老年人的需要，即康复训练的需求和康复的可能性。

（3）加强了老年人社会支持体系建设。康复训练本来就是一个极其孤独、艰难的过程，病人无助的信念，没有多大概率痊愈的希望，以个体为主，单独进行的康复训练对本来就缺乏支持系统的失能失智老人来说，无疑是雪上加霜，而且效果不明显。小组工作主导的康复训练方法，着重增加病人康复训练的信念和勇气，让病人由被动接受训练变为主动接受训练，发掘服务对象的潜能，并且将以个体为主的康复训练方法转变为以团体为主的康复训练方法。这种训练方法和传统的康复训练方法最大的不同，在于其将具有共同问题、需求、愿景的服务对象连接成一个社会组织，让有需要的老人在集体的环境中团结合作，共同面对，相互支持，完成艰难的康复训练。它不仅可以实现康复设备和医疗资源等硬、软设备的最大共享，还可以为失能失智老人建立社会支持系统，让老人实现合理的社交，真正地回归生活。

二、小组理论基础

1. 康复训练理论

康复医学起源于医学康复，是临床医学的一个重要分支。它是一种新的治疗学科，重在促进病、伤、残者身心功能的系统或局部恢复，也是一门新的技术专业。它的目的是使人们能够尽可能地恢复日常生活、学习、工作和劳动，以及社会生活的能力，融入社会，改善生活质量。目前康复医学已经应用到运动损伤、车祸病人和失能失智老人等人群的康复训练，极大程度上改善了人们的身体条件，增强了人们恢复健康的信念和欲望，延缓了人们身体机能的退化。随着老龄化的加剧，老年人口将成为康复医学的主要对象。

（1）OT疗法（作业疗法），是康复治疗最常见的手段之一，是针对患者的功能障碍制定个体化的作业活动，重点是改善上肢功能和日常活动能力，并使其能重返社会的方法。作业疗法针对性很强，有针对躯体训练和日常生活活动的功能性作业疗法，也有针对患者心理情绪、人际交往的心理性作业疗法。

（2）健康赋权增能理论，起源于1960年的社会意识形态及1970年的自助自立概念。赋权是病人通过与卫生保健者积极互动所达到的一种使转变自我的能力最优化的健康模式，在这种模式下，病人不再是被动听从、接受医生和家人安排好的诊断和治疗计划，而是与卫生保健者积极互动达成一种合作关系，病人参与到自己病情的诊断和治疗决策中，医生和护理人员要做的是对病人进行康复知识调查和健康教育，将选择健康的权利交给病人，发掘病人对健康生活和康复训练的内心渴望，使其主动要求接受康复训练，增强对疾病的应对和挑战能力，促进老人自我意识和行为的转变以及自理能力的增强。世界卫生组织（WHO）将赋权描述为为改善慢性病的健康结局与生活质量而形成的一种积极的合作关系及患者的自我护理策略，是健康的先决条件，赋权增能理念正逐步成为健康促进和慢性病自我管理的主要方式，通过运用多种方式帮助患者对疾病进行有效的自我管理，激发他们的自我保健意识，对于控制慢性病，延长老年人的生命独立期具有重要意义。

健康赋权增能理论的干预路径流程如图13-1所示。

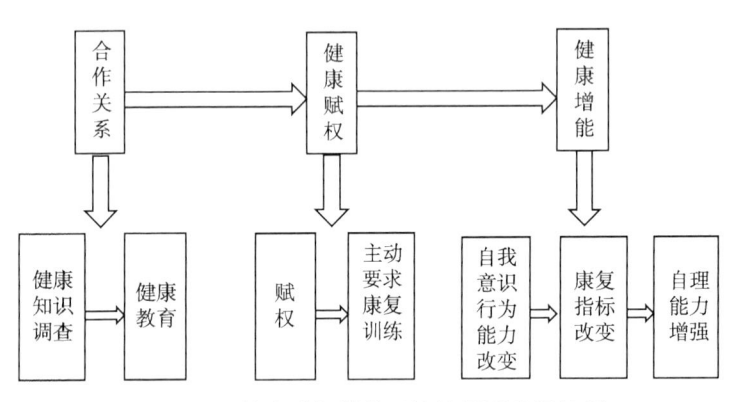

图 13-1 健康赋权增能理论的干预路径流程

2. 马斯洛需求层次理论

马斯洛认为人类的需要是分层次的，由低到高分别是：

生理需要、安全需要、归属与爱的需求、尊重需求及自我实现需求。当人们的需求水平较低时,他们会渴望更高层次的需求,而当老年人的基本需求得到满足时,他们也会渴望更高层次的需求。❶ 老年人最大的需要是归属感和爱,以及关心和情感安慰。他们更渴望有尊严的生活,但在传统孝道思想的影响下,很多子女和家庭照顾者认为满足了老人的基本衣食需求和日常护理就满足了老人的晚年生活。其实不然,过分地注重基本需求不仅忽略了老人康复训练、享受有尊严的生活等高级需求,也使老人的日常生活能力老化加速。即使老人日常生活护理不得不依靠别人,躺在病榻或者终日依靠轮椅,老人对自己的需求不甚明了,全社会和老人的照顾者、服务提供者也有义务让失能失智老人享受有尊严的生活、有尊严的康复训练和日常护理、有尊严的临终关怀,并且尽可能地提高老人的自理能力,这样老年人就不会因为年老而感到沮丧和痛苦。

3. 社会支持理论

社会支持理论的形成经历了一个漫长的过程,"社会支持"这一概念最早可以追溯到精神学领域,是由鲍尔拜的依附理论发展而来的。❷ 社会支持理论认为,人们拥有的社会资源,比如亲缘、地缘、业缘等关系可形成一个社会支持网络,可以分为正式支持网络和非正式支持网络,正式支持有政府、社区等,非正式支持有家庭、邻居、亲朋等,个体可

---

❶ 亚伯拉罕·马斯洛. 动机与人格 [M]. 许金声, 等译. 北京: 中国人民大学出版社, 2007: 28-29.

❷ 陆梦玲. 城市失能老人社会支持现状与社会工作介入研究——以合肥市 W 社区为例 [D]. 合肥: 安徽大学, 2016.

以从中获得物质、行为、信息及情感等帮助。失能失智老人的社会支持系统包括其家庭、所处的社区及人际关系等系统，这些系统是失能失智老人社会支持的主要供应系统。社会工作提供的服务属于正式支持网络，其开展的康复小组可以为失能失智老人搭建一个非正式的社会支持网络，使老人集合于同一个社会圈，增进情感、相互支持、相互提高，也促进了正式支持网络和非正式支持网络的整合和有效地利用。

三、小组前期准备和组员招募

1. 前期调研

M机构经过前期的初步调研后，开始筹备志愿者招募工作和进驻各大养老机构进行老人量表评估的服务，并组织志愿者进行培训。本次培训内容是老人失能、失智量表评估的使用。首先进行理论培训，社会工作者先对量表指标进行讲解，再请一名老人配合进行量表模拟访谈，志愿者则观察提问；同时着重介绍与老人沟通的技巧和注意事项，要求做到用心去倾听，不分析不评判不下定义，让老人在愉悦的交谈中感受到志愿者的温暖，完成量表的评估。最后M机构社会工作者分组带领志愿者进驻襄城各养老机构，正式开始为期10天的量表评估，掌握失能、失智老人的情况和程度。本次大规模的量表评估工作，直接受益老人超过300位。本次志愿者的培训和走进各大养老机构的服务，帮助社会工作者完成了失能失智量表评估工作，便于社会工作者后续服务的跟进；更重要的是，志愿者走近老人身边，倾听他们的内心需求，通过陪伴老人，触动志愿者的内心，得到心灵的成长。

社会工作者在量表评估工作结束后，对所有量表进行分析，针对不同程度的失能失智老人情况开设不同的社会工作服务，结合各养老机构的特点，力求将服务更加精准化，满足老人的切实需求。

2. 组员招募的标准

（1）因为慢性病或年老体衰导致瘫痪、手脚活动不便，身体机能受损的，按照国际通行的日常生活活动能力量表（ADLS）或改良 Barthel 指数评定量表"吃饭、穿衣、上下床、上厕所、室内走动和洗澡"六项指标，至少有一项"做不了"的老人。

（2）因为年老，认知、记忆能力退化，患有轻度老年痴呆的老人。

（3）年龄在 65~80 岁，沟通能力无异常，愿意参加本小组的老人。

四、小组特点

（1）小组名称："与爱同行"失能老人 OT 康复支持小组。

（2）小组性质：支持性小组、康复性小组。

（3）小组目标：延缓老人身体机能和日常行为能力的退化，改善身体条件，将老人的身体康复和心理康复融为一体，提高老人的自理能力和晚年的生活质量。

五、小组活动过程

节次/题目	时间	目标	活动内容
第一节 破冰之旅	60分钟	1. 小组活动领导者与组员互相认识，了解组员病情和身体状况； 2. 释放压力，排解老人的负面情绪，激发他们对康复训练的渴望和信心； 3. 确定小组期望与目标，和小组成员一同制定组内规章制度，增强小组成员责任感	1. 破冰游戏：手指操运动。首先小组领导者自我介绍，然后引导组员围坐在一起进行破冰游戏，老人的10根手指套在两个由橡胶制成的手指棒中，在社会工作者的示范下做手指操，同时可以在社会工作者带领下喊出一些口号和愿望，使老人完成有节奏的脑心体连动式运动，病人在舒畅欢快有韵律的动作中有了"我在动"的意识，这项运动的运动量虽然不大，但随着手指关节以及全身的轻微运动会由简单到复杂、由手部到全身，使整个身体得到初步舒展。重要的是有利于老人释放压力，排解身上的负面情绪，激发他们对康复训练的渴望和信心。 2. 介绍说明小组，社会工作者向小组成员介绍并说明小组的目的和内容，让组员表达对小组的疑问，社会工作者澄清问题。 3. 订立小组规范。与组员一起订立小组规则，并将规则用书面形式公示。本节活动结束前告知组员下次活动的时间、地点

续表

节次/题目	时间	目标	活动内容
第二节 一切都会好的	80分钟	1.指导组员通过简单的康复器具来进行康复训练，通过锻炼老人的手指关节、肌肉的灵活度，延缓老人身体机能和记忆认知能力的退化；2.给老人输送康复的信念，发掘老人健康自赋的潜能，增加服务对象的康复意识及生活信心，培养积极建康的生活态度	1.热身游戏：巧拆九连环。社会工作者链接专业人士，向小组成员教学"九连环"，老人们在老师和社会工作者的带领下，初步学会九连环的穿卸方法，随着难度的增加，老人们会绞尽脑汁想要解开九连环，此游戏具有一定的趣味和益智功能，目的在于促进老人之间的互动和交流，丰富机构中老人们的精神生活，增强身体素质，激发参与的积极性，适合老人开展，有利于防止老年痴呆。2.作业训练：社会工作者使用OT作业桌配套的上肢协调功能练习器（手指）进行针对性的康复训练。首先由社会工作者组织瘫痪、行动不便的老人围坐在OT作业桌旁边，阐述本次活动的目的，以及康复器材的作用和用法，然后由社会工作者和志愿者带头示范器材的使用，最后邀请老人们轮流使用康复器材，先告诉老人珠子的颜色，让他们随意地来回拨动珠子；让老人将珠子翻转、拨动，从曲折的铁杆的这一端拨到另一端，并可以同时让他数一数珠子的个数，也可以边拨边数，做到手、眼、脑并用；可以进行简单的加法和减法运算；也可以让患者区分不同珠子的颜色，在绕珠过程中锻炼患者的分析能力。社会工作者应该对完成任务的老人给予鼓励和欣赏

续表

节次/题目	时间	目标	活动内容
第三节 提升自我	120分钟	1. 锻炼老人手臂、肢体的力量，将功能化训练作用于老人的日常性训练； 2. 通过讲座给老人的照顾者普及常见的康复护理知识，提升组员照顾能力的专业性，使老人和照顾者的生活质量有显著改善	1. 作业训练：力量锻炼，社会工作者向瘫痪、行动不便的老人介绍肩抬举训练器的作用和用法，然后示范器材的使用，最后邀请老人轮流使用，指导老人将抬举训练器上的小杠铃由最低的位置依次抬高放置到更高的位置，主要用于上肢提升功能的训练和诱导分离运动。通过抬举两端负重，还可以做抗阻运动，增加上肢的肌力和耐力，改善患者肩关节的活动度。坚持训练，老人端碗端杯、穿衣等日常活动能力会得到改善。 2. 健康讲座：社会工作者链接公立医院的康复医师、护理师和专家进入养老机构做志愿服务，针对失能老人的护理进行专业的健康护理知识讲座，同时邀请失能失智老人的家属、护工等照顾者成为临时组员，在讲座过程中，康复医师邀请老人躺在训练床上进行示范，指导照顾者如何对老人进行床上相关训练，改善或避免长期坐、卧位导致的并发症。同时指导老人的照顾者学习常用的护理知识，如卧床老人的体位调整、擦澡、按摩、压疮的预防及照顾，家庭安全用药的指导，老人的心情调节和照顾者的减压等，鼓励团队成员积极提问，学习专业知识。最后给每位组员发放失能老人照护手册，让组员随时随地学习

续表

节次/题目	时间	目标	活动内容
第四节 越来越好	80分钟	1. 巩固小组的内部成员，增强组员之间的凝聚力，使老人们有一个共同分享、共同支持的平台； 2. 强化老人康复训练的信念，锻炼老人的眼手协调能力	1. 热身游戏：盲人吃香蕉。社会工作者和志愿者将所有老人分为两组。社会工作者介绍游戏、规则和奖励。一个老人戴上眼罩，另一个老人手握香蕉。在社会工作者宣布开始后，靠感觉将香蕉剥皮送入对方的口中，先吃完的为胜利，观众可以指导，但不能帮助，偶尔可以误导将香蕉送到鼻子上。 2. 作业训练：眼手协调。社会工作者安排所有老人围坐在OT训练桌旁，运用器材进行手眼协调功能的锻炼，指导每一位老人将桌上的螺丝用螺丝刀装在固定的凹槽内
第五节 当你老了	60分钟	1. 改善老人和照顾者的关系，促进相互沟通，相互感恩，增强老人的社会支持网络； 2. 回顾和分享小组活动全过程，巩固成果	1. 过往回顾：社会工作者和志愿者邀请老人的子女、护理人员、机构工作者作为临时组员参与到小组中，社会工作者对失能失智老人适当地加以引导，帮助服务对象回顾往事，通过回忆过往的人生，能看到自己的成就，帮助服务对象增强自信，获得自尊，使服务对象心情愉悦，能够重拾生活的信心，积极生活。临时组员主要充当老人的倾听者，社会工作者要引导老人与其护理人员相互感恩，互相倾诉，促进照顾者与被照顾者的交流。完善失能老人的社会支持体系。 2. 社会工作者总结小组开展以来组员们所取得的成就，以及身体、心理恢复的情况，鼓励组员保持运动疗法、作业疗法和康复训练的习惯，促进肌体的活动能力，延缓身体的衰老速度，保持健康积极、乐观自信的生活态度，最后宣布小组活动结束

六、小组活动过程中的困难

（1）小组工作在介入失能失智老人的康复训练时，所需要的 OT 作业桌等康复器材和设备很难得到满足。在金色夕阳养老托管中心开展小组服务所需要的康复器材是该机构在网上购买的。当服务周期结束以后，小组介入后的持续性康复训练无法进行，以致中断。这直接影响了小组服务的成效，在失能失智老人的康复训练工作上只尽到微薄之力。

（2）不同服务对象的失能失智程度不同，缺乏具体的分类标准。往往简单归结为失能、半失能几个大类，目前养老行业对失能失智老人还未形成一个统一的分级标准，事实上这些差异造成不同程度的失能失智老人被组合在同一个小组内一概而论，而这些老人往往身体情况不同、耐受力不同，需要的康复训练方法、训练时间、训练部位也大不相同。面对同一套介入方略，众口难调，往往成效甚微。所以，M 机构社会工作者在后期总结中认为，由于服务对象的参与性，加上身体上或精神上存在一定的困难，小组活动没有达到预期的效果。

七、小组评估

1. 评估方式

（1）将参加 OT 康复支持小组的老人设置为干预组，另外设一组没有参加小组活动的老人为对照组，通过对两组成员的 Barthel 指数（日常生活活动能力）、HAMA 评分（焦虑程度）、社会活动评分（社会活动能力）进行比较，比较老人参加小组活动后的变化。

（2）从组员活动中的参与积极性和投入程度来分析。

（3）通过探访组员照护对象，了解组员的变化和培训效果。

（4）与组员交流，询问组员对小组活动的意见。

2. 服务展望

在硬件设施上，全社会要加大养老机构和社区医疗康复室的建设力度，扩大失能老人护理服务供给，完善运动器材、康复器材设备的配置，还要运用多种渠道筹集失能失智老人的康复和护理费用。同时，提高已有医务室、康复室的医疗服务水平或加强与就近医疗机构的合作，从而完善医疗康复设施，提高失能老人的医疗康复护理水平，使失能失智老人能够就近开展康复训练服务，并且融入日常活动中。

在失能失智老人公共服务上，政府一方面要增加购买的社会工作者服务，而且在一定程度上偏向民间养老机构和社区这一块，实现公共服务的均等化。另一方面社会工作者要充分担当起公共政策的影响人，向政府积极建言献策，推动政策落实到社区、家庭中更需要康复训练服务的老人身上，使公共政策的效益能够得到最大限度的发挥。

在失能失智老人的评估标准上，也应如教育要"因材施教"一样，在老人失能状况的评估上，应总结各地区制定的失能等级评估表，建立全国统一的本土化、标准化的"日常生活活动能力量表"，为机构根据老年人的失能状况确定相应的护理等级提供依据，从而提高机构失能老人护理服务的专业化和标准化。在小组介入中，我们要通过对失能失智老人的分类分级，针对不同标准的失能失智老人施以不同的训练方法，严格控制不同失能等级老人的训练器材、训练部位、训练时长，以期达到预期的效果。

14. "幸福生活、自立自强"农村留守妇女互助小组

一、小组背景

Y镇是湖北省黄冈市罗田县下辖镇,位于大别山主峰天堂寨南麓的罗田、英山两县交界处,罗田县北部,属于亚热带季风气候,冬干(冷)夏湿,春暖秋凉,Y镇属于山区,海拔100~900米,境内峡谷纵横,河道密布,名山大川林立,面积178平方公里,耕地3.295万亩。政府驻M村,辖29个行政村,1个林场,9300户,3.4万人,非农业人口7650人,集镇常住人口9600人。Y镇有用养殖水面积达1.6万亩,粮食作物以水稻、小麦为主,首要经济作物为板栗、油菜和茯苓、天麻等宝贵药材。畜牧业主要以猪、牛、山羊和家禽为主,全年全镇社会总产值9.6亿元,人均收入4600元,财政收入1500万元。

Y镇集镇有大小企业、个体工商户560余家。M村紧靠Y镇政府,是镇政府驻地,基础设施齐备,投资环境优越,交通便利,318国道纵穿全境,距京九铁路浠水站80公里,距长江黄州船埠120公里,距武汉天河机场200公里,距罗田县城40公里,距武英高速出口26公里。M村全村287户,总人口496人,土地总面积155公顷,其中耕地面积1860亩,水域面积1750亩,大批农民常年在外务工。

（一）留守妇女调查情况

社会工作者计划运用社会工作小组专业方法为这些留守妇女提供服务，在开展小组活动前，为了准确了解她们的问题与需求，获得第一手详细信息，特地通过小范围的社会调查来获取她们的真实信息。

调查共发放100份问卷，收回有效问卷90份，从年龄上看，留守妇女多集中为30～50岁，大部分属于青年时期（见表14-1）。

表14-1　留守妇女年龄情况

年龄	比重	年龄	比重
20～30岁	13.89%	41～50岁	39.35%
31～40岁	27.53%	51～60岁	19.23%

留守妇女团体受教育水平较低，大多为初中文化（见表14-2）。较低的受教育程度降低了留守妇女外出务工的可能性，同时在教育子女、农业生产技术、参与农村社区管理等方面都给留守妇女带来一定障碍，使得留守妇女自我发展欲望不太强烈。

表14-2　留守妇女受教育程度情况

受教育程度	比重	受教育程度	比重
没上过学	4.6%	高中或中专	12.1%
小学	16.3%	大专及以上	5.7%
初中	61.3%		

如表 14-3 所示，M 村留守妇女丈夫外出务工年限与留守妇女留定时间成正比。

表 14-3　留守妇女丈夫外出务工时间情况

丈夫外出务工年限	比重
3 个月~1 年	23.7%
1~2 年	20.6%
3 年以上	55.7%

Y 镇的男性外出务工地大多集于本省和本县（市），省内的占 86.2%，大多离家近，个别留守妇女丈夫打工地离家较远。Y 镇外出务工人员大都不愿意离家太远，回家较为方便，容易照顾家，在外务工时间灵活，并且在外时间较短（见表 14-4）。

表 14-4　留守妇女丈夫外出务工地点情况

务工地点	比重
本县（市）	39.7%
省内其他市	46.5%
外省（市）	13.8%

农民外出务工还会受知识技能的限制，大多从事基建行业（见表 14-5）。由此可知，农民外出务工主要是以出卖劳动力为主，技术含量不高。而农民外出务工大部分会结伴而行，在外面人生地不熟，需要身边有朋友共同度过，同时可防止出现被欺负、被骗的事件。

表14-5　留守妇女丈夫从事行业情况

职业	比重	职业	比重
基建业	48.3%	司机等交通业	4.6%
生产加工业	23.6%	其他行业	16.2%
餐饮业	7.3%		

在被调查群体中，只有18.5%的人是独自一人外出打工，而跟亲戚老乡一起外出打工的占58.6%。由此可得出，农民外出依旧选择相信老乡、亲戚等建立的熟人圈子，很多就业机会也是由熟人提供（见表14-6）。

表14-6　留守妇女丈夫与谁一起打工情况

与丈夫一起打工的对象	比重	与丈夫一起打工的对象	比重
老乡	43.6%	朋友	10.2%
亲戚	15%	其他人	12.7%
自己一个人	18.5%		

在农村家庭，家庭经济首要来源于丈夫，占比89.35%（见表14-7），是家庭的经济支柱。

表14-7　家庭经济主要来源情况

家庭经济主要来源	比重	家庭经济主要来源	比重
丈夫	89.35%	父母	1.15%
自己	8.2%	子女	1.3%

大部分留守妇女与后代住在一起，占51.4%（见表14-8）。被调查的农村留守妇女大多处于30~50岁这个年龄段，

她们的子女年龄较小，与子女住在一起所占比重较大。同时，农村老人的子女较多，老人由多个子女共同赡养，与老人一起住的比重相对较低。

表14-8　留守妇女居住情况

居住情况	比重	居住情况	比重
自己住	19.4%	与子女住	51.4%
与老人住	12.0%	与老人、子女一起住	17.2%

丈夫外出务工后，留守妇女独自承担了大部分的农活，成为农业生产的首要力量（见表14-9）。

表14-9　留守妇女干农活时间情况

干农活时间	比重
增加	75.3%
减少	1.2%
没变化	23.5%

留守妇女在丈夫外出务工后，劳动量增加，做农活的时间变长，并且劳动强度是留守妇女难以承受的（见表14-10）。

表14-10　留守妇女干农活的感受情况

干农活的感受	比重	干农活的感受	比重
可以承担	30.1%	不能承担	8.9%
有点力不从心	50.6%	不做农活	10.4%

在农忙时，留守妇女大多会向别人寻求帮忙。因Y镇农民外出务工选择本省内，离家近，家里有事时可以随时回家帮忙，其次是双方老人帮忙。留守妇女在遇到困难时，首要是依赖于丈夫和两边亲戚，社会支持较为单一。妇女在从事生产劳动时，面临劳动力不足问题，因此留守妇女独立承担农业生产活动。因受教育程度低和人际圈小，很多留守妇女农业生产资料、技术较少，从事农业生产劳动能力有限。

丈夫外出后，63.7%的留守妇女认为做家务的时间增加了。丈夫外出使留守妇女不仅要承担农业劳动和家务劳动，还要担负抚养教育子女的责任（见表14-11）。而在教育后代上，留守妇女最大问题是本身文化水平较低，没有能力教导孩子做功课。

表14-11　留守妇女子女的教育抚养主要问题情况

子女的教育抚养问题	比重	子女的教育抚养问题	比重
没有能力辅导孩子	40.3%	没人帮忙照看孩子	5.6%
没时间管孩子	12.5%	孩子不听话	4.2%
其他	37.4%		

丈夫外出之后，留守妇女压力骤然加大，家里家外事情都要由她来决策判断，事务较多，留守妇女没有时间和精力去管孩子。但大多数留守妇女认为丈夫的外出并未使孩子变得难以管束。

婚姻是家庭关系的基础，所以夫妻关系是很重要的。因为丈夫外出务工，妻子留守故乡，双方主要靠电话联系。在丈夫外出期间，夫妻间联系频率较高（见表14-12）。

表14-12　夫妻联系频率情况

联系频率	比重	联系频率	比重
每天	28.3%	1~3个月一次	1%
一周一次	48.1%	3个月以上	3.4%
两周一次	7.3%	有事才联系	8.2%
一月一次	3.7%		

夫妻双方联系内容主要集中在家里的情况，很少坦露自己的烦恼，9.5%的留守妇女会聊自己的烦心事，4.7%的留守妇女会与丈夫聊聊丈夫的烦心事，8.3%的留守妇女会与丈夫聊工作，7.5%的夫妻聊村里的事。由此可见，夫妻双方联系时主要聊家里的事，较少涉及情感上的沟通与交流。

丈夫外出给留守妇女带来巨大的糊口艰苦和沉重的心理压力。在访谈中，留守妇女谈到丈夫在身旁时，内心会感受很充实，当丈夫不在身旁时，内心很空虚。而留守妇女空隙时娱乐活动较少（见表14-13），主要以看电视为主。单调的娱乐活动使得留守妇女压力无处释放，从而累积出不良情绪。

表14-13　留守妇女娱乐活动情况

留守妇女娱乐活动	占比	留守妇女娱乐活动	占比
看电视	70%	看书看报	7.8%
打牌、打麻将	28.3%	辅导孩子功课	5.2%
聊天串门	23.6%	参加文艺活动	17.4%

留守妇女无时无刻不担忧在外的丈夫。大部分留守妇女对丈夫有足够的信任，丈夫外出不易，是为了整个家庭，所以她们只希望丈夫在外能健康、平安。

留守妇女闲暇时间比较少，休闲娱乐方式单一，大部分留守妇女主要选择在家看电视，而留守妇女因丈夫外出而带来的不安全感和不良情绪没有良好的宣泄方式，所以需要社会工作的介入。

（二）留守妇女支持网络情况

1. 家庭支持

家庭血缘关系支持是留守妇女最主要的支撑。在农村，家中的男人是主心骨、顶梁柱，丈夫的发展状态直接决定家庭和妻子的发展状态，丈夫是留守妇女社会网络的有效辅助。留守妇女在农业生产中遇到困难，首先想到的求助对象是丈夫，而且在农忙时，家里的主要劳动力也是丈夫。当留守妇女发生婆媳纷争时，也是靠丈夫协调解决。与村里人发生矛盾，丈夫在家时，主要由丈夫出面解决；丈夫务工后，大多由留守妇女自己解决。有丈夫在有依靠，丈夫不在家时，留守妇女加倍顽强自力。

丈夫外出后，原生家庭成为主要的支持来源。85%的留守妇女认为丈夫外出时娘家人对自己帮助较多，有50%的留守妇女表示从娘家人那边取得的帮助比丈夫外出以前更多。留守妇女碰到烦心事首先会想到跟娘家人诉说的占28.7%，而婆家人只有6.9%。

2. 邻里朋友支持

随着丈夫外出务工，留守妇女情感交流需求增加，她们面对繁重的家庭劳动，与他人沟通交流缓解身心压力是有必要的。留守妇女邻里之间串门比重是最大的。一方面是位置优势，另一方面是相处时间长且较熟悉，相处起来比较容易。留守妇女去邻居家串门比例为43.5%，朋友来留守妇女家串门的比重为12.6%。当留守妇女遇到烦心事时，有21%的人选择跟朋友说。55.6%的留守妇女朋友中大部分为留守妇女，朋友群体中具有较强的同质性，能够相互理解，相互提供心理支持。

（三）调查地区农村留守妇女互助行为开展状况

Y镇村民存在自发的亲戚或邻里朋友之间互助行为（见表14-14），如有人盖房子，与邻居亲戚间的互助行为相对固定。而雇工现象在留守妇女家庭较为少见，一方面是农村劳动力紧缺，另一方面是雇工费用高。农忙时，留守妇女都是彼此的帮手。

表14-14 留守妇女互助情况

留守妇女换工	比重	留守妇女换工	比重
经常	16.8%	很少/从不	48.9%
有时	31.5%	雇工	2.8%

对于邻里之间互帮互助，村民认为是理所应当的，乡里乡亲间的互助行为只能解决一时的问题，留守妇女面临的大部分问题仍难以解决。当留守妇女遇到问题时，如何找人帮忙、找谁帮忙、怎么去还人情等问题都会影响留守妇女求助，留守妇女实在没有办法时才会求助。

在这次关于农村留守妇女调研和访谈过程中，并没有发现政府帮扶留守妇女相应的政策和措施，更谈不上引导留守妇女互助方面的政策措施。留守妇女间的互助行为主要靠妇女群体自发地组织开展。随着生活水平的提高，M村留守妇女自发组织妇女自助队，留守妇女自愿加入自助队参与一些活动。妇女自助队由村里热心公共事务的村妇女干部组织，主要安排广场舞、健身等文体活动。闲暇时，留守妇女练习舞蹈，参与县里的表演比赛。通过自助活动，村里的留守妇女间更熟悉，认识更多志同道合的朋友，不仅丰富留守妇女的生活，而且拉近留守妇女间的关系。随着妇女自助队越办越好，影响力逐渐扩大，自助队的内容不仅局限于活动，同时还会帮助发布一些招工信息，为留守妇女提供一些做零工信息的平台。妇女自助队的开展主要得益于村里妇女干部的组织与建设。

农村妇女干部在平时生活中逐渐认识到发挥留守妇女自身力量的必要性，组织她们开展互帮互助活动，逐步探索留守妇女群体中的互助方式和组织建设，从而解决生活中的问题。但因各方面条件的制约，在实际工作中无法实施，一方面因缺乏开展活动的外部环境和政策支持，另一方面由于农村妇女干部自身资源和认识的限制，未找到行之有效的途径。

二、农村留守妇女需求评估

M村留守群体较多，青壮年劳动力外出时间较久，留守妇女相处融洽，逐渐形成互帮互助的风气。在村里妇女干部的带动下，M村里留守妇女自发组成妇女自助队，积极开展健身、广场舞等活动,并在妇女干部的带动下,参与县里比赛,一定程度上改善留守妇女的生活状况,但仍然面临很多困难。生活上,留守妇女承担全数的农业劳动,有的留守妇女还要照看小孩,从早忙到晚。农忙时,缺少劳动力,只能独自承担或找帮手。丈夫的外出使留守妇女产生不良情感,却缺少宣泄情感的有效途径。留守妇女的自我发展意识低,对家庭有高度的自我牺牲精神,常常忽略自己的需求与想法。

通过调研,了解到留守妇女在生活生产、情感心理、自我发展等方面的各种需求,主要集中在以下三个方面。

首先是留守妇女群体的情感互助需求。丈夫外出后,留守妇女承担着沉重的压力,却缺乏排解压力的途径。留守妇女群体具备较强的同质性,面对的难题大抵类似。通过小组活动为留守妇女群体搭建群体内部情感倾诉和获取支持的平台,让她们认识到生活的坎坷,在群体中寻找共鸣与慰藉。

其次留守妇女对身心健康常识的需求。农村留守妇女生产生活压力大,同时她们的身体健康状况也不容忽视,尤其是年纪大的留守妇女,经常会出现胃疼、头疼、失眠等症状。但因农村医疗条件和家庭经济条件的局限,留守妇女抱着小病不就医的态度。而且,留守妇女缺乏良好的情绪管理方法,生活压力无处释放,生活琐事更是导火线,使生气、烦躁等不良情绪给留守妇女带来困扰,所以留守妇女有身心健康需求,通过小组活动为其提供心理健康和情绪管理知识,纠正不良认知,从而缓解留守妇女的身心压力。

最后是留守妇女自我意识觉醒和促进自我发展的需求。留守妇女受教育程度低,自我意识低,每天循规蹈矩,坚守原本的生活。随着社会的发展，留守妇女在生活中面临的问题需要自己想办法解决，而在这个过程中留守妇女自我意识不断觉醒，她们由被动的自我发展转变为寻找自我发展途径。通过小组工作，引导留守妇女关注自己的需求，打破束缚，激发潜能，提升抗逆力。

三、小组工作方案

为指导小组工作在农村留守妇女群体中开展，根据 M 村的生活现状和需求分析，社会工作者制定了小组计划书。

1. 构思理念

丈夫外出后，留守妇女承担着家庭劳动和农业劳动，承受着沉重的心理压力。M 村留守妇女自发组织妇女自助队，闲暇时通过参与文体、锻炼活动，缓解生活压力。通过了解她们的需求，开展小组工作，帮助她们实现自助，挖掘其自身的潜能。留守妇女也有自我发展的需求，通过自我意识的觉醒和小组互助去解决生活困境。农村留守妇女逐渐成为农村政治、经济建设的主力，新农村建设离不开留守妇女自我的发展和留守妇女问题的解决。

2. 小组性质

本次活动名称为"幸福生活、自立自强"农村留守妇女互助小组，属封闭式小组，目的在于通过成员间的交流分享去促进小组成员身心健康、情感支持、自我发展，树立正确自我认知，增强留守妇女解决问题的能力，扩大社交网络，促进自我完善自我发展。鼓励留守妇女积极参与，可以自愿报名或妇女干部推荐，招募留守妇女参与小组活动。活动共开展 4 次，活动时间定于每周四下午 2 点半，通常每次活动

1小时左右，特殊情况除外，活动地点为村妇女干部K家中。

3. 小组工作的方法和模式

在留守妇女群体中开展互助小组，通过小组活动打开留守妇女的隔阂与陌生感，鼓励小组成员倾听和分享彼此心路历程，与小组成员建立良好的关系，不断完善自我，明确小组目的，促进小组成员共同成长。在小组活动开展前，通过问卷调查、访谈的形式，与留守妇女进行面对面沟通，取得她们的信任，体会她们的生活，感受她们的困难，进行深入的调研。积极宣传小组活动的目的意义，帮助她们正确理解小组工作内容，为后来小组成员招募、活动开展打下坚实的基础。在全部小组活动展开过程中，都要正视小组之间互动、小组讨论技能的应用。良好的沟通，可以降低组内冲突，提高小组凝聚力，促进良好的小组气氛积极地发展，从而促进小组目标的实现。社会工作者在小组活动过程中，要用友好热情的语言去营造轻松、安全的小组氛围，掌握促进小组成员沟通的技巧，并适当地做出回应与总结，加强自己与小组成员的沟通，鼓励她们相互表达、相互了解。同时运用提问、鼓励、沉默、中立等技巧，确保小组讨论顺利进行。

农村留守妇女互助小组活动的开展采用交互模式。交互模式也称为互惠模式，强调小组工作的注意力主要集中在组员与组员之间的互动过程中，而这种互动主要是满足小组成员的共同需要。经由小组组员、小组和社会环境三者之间交互作用使小组成员相互影响，共同发展，提升社会功效。

互助模式原则有以下三方面。

（1）开放性互动。通过运用开放讨论的方法技巧，小组目标聚焦于个人、环境以及个人、小组、环境之间的开放互动，从而提高小组互动质量。

（2）平等的互动。小组成员在小组中处于平等地位，个体独立。

（3）"面对面"的互动。成员间密切的互动推动着小组发展。成员之间经由面对面的互动，澄清小组成员的题目与需求，认清小组成员在小组中的角色，利于实现小组方针。

在交互模式下，小组成员有着共同的目标，分享着彼此的经验故事，通过彼此的联系达成共识。小组中每个成员都是平等地位，社会工作者扮演着中介者、使能者、协调者角色，主要协助小组成员通过互助完成任务，达成目标。

4. 小组工作目标

（1）短期目标。通过互助合作，合理配置劳动力资源，减轻留守妇女生活、心理压力，为农村留守妇女在小组中提供情感支持，为小组成员提供应急帮助，增强抵御突发事件的能力。通过组内沟通，向留守妇女倡导理性情绪管理办法，缓解身心压力，为小组成员提供多样化的娱乐方式，消除由生活困难带来的孤独、焦虑心理，加强留守妇女与亲友关系，促进更加紧密的社会支持网络。

（2）长期目标。通过开展小组活动，使小组成员在小组活动中取得归属感、认同感，增进小组成员的自我发展，发展培养妇女领袖，维持后续活动，保证活动效果，帮助她们掌握心理健康知识，探索开展农村社会工作的有效途径，提高留守妇女自我组织能力，通过自助、互助解决自身的困境。

5. 小组工作活动安排

小组活动具体安排见表 14-15。

表 14-15　小组活动安排

活动节数/名称	活动目标	活动内容	活动时间
第一节 偶然的相遇	1. 建立专业关系，成员之间相互认识； 2. 了解小组目标，澄清成员对小组的期待； 3. 订立小组规章，签订小组契约，建立初步的团体信任	1. 暖身游戏：胡克船长； 2. 介绍团体目标，鼓励成员讨论，并听取意见； 3. 介绍小组规模，同时与组员共同订立小组契约，签订契约； 4. 活动总结	55分钟
第二节 我想对你说	1. 帮助小组组员寻找共同点，加深认识； 2. 帮助小组成员表达自己的困惑和负面情绪； 3. 帮助成员感受来自组员的支持，初步建立成员间的支持体系	1. 讨论分析家庭作业，引出活动； 2. 糊口分享：鼓动勉励成员表达各自的情感，寻觅共识，加强小组凝聚力； 3. 情绪球：抽到哪类情感，表达哪类情感故事； 4. 活动总结	50分钟
第三节 我问我自己	1. 加强成员对留守妇女问题的理解，减轻留守妇女的压力与紧张情绪； 2. 加强留守妇女对情绪管理方法与技巧的认识与理解，传授自我不良情绪管理技巧； 3. 加强成员间的沟通交流，进一步帮助成员建立彼此之间友好关系	1. 大学堂：观看视频学习情绪管理知识，以寻找不良情绪发泄口； 2. 成员相互讨论并进行互动； 3. 活动总结	65分钟
第四节 漫步人生路	1. 鼓励成员表达自己的情绪，释放生活压力； 2. 帮助成员增强面对困难的勇气与信念； 3. 帮助成员建立起长效支持网络，重拾面对现实生活的信心	1. 你来跟我唱； 2. 我的成长：成员表达缓解情绪压力，讨论如何面对遇到的问题； 3. 活动总结	50分钟

6. 小组成员的招募

小组成员的招募需要乡镇村干部的支持，在招募组员之前，需要与乡镇村干部沟通，取得他们的信任与支持。由乡镇村干部推荐，入户与留守妇女面对面沟通，介绍活动和过程，了解留守妇女情况，并进行小组宣传，向留守妇女宣传本次活动的目的与内容，了解她们的需求与渴望，听取他们对小组的期待，邀请当地留守妇女参加小组。可运用滚雪球方法，由决心参加小组活动的留守妇女推荐其他的留守妇女参加。在招募过程中，选择具有共同需求或相似问题并且较为积极的留守妇女。

经过调研和上门拜访，结合留守妇女需求，筛选出8位留守妇女参与小组活动。小组成员情况如下。

（1）成员A：48岁，性格热情，喜欢张罗事情，曾担任多年妇女主任。

（2）成员B：49岁，丈夫在宜昌打工，家里一个儿子、一个女儿。儿子23岁，已外出打工，但因从小失聪，至今未成家。女儿11岁，还在上小学。双方老人都在。儿子没有结婚，女儿尚小，B无时不为孩子担心。不过她性格外向，喜欢聊天，很热心。

（3）成员C：45岁，丈夫在省城打工，她与老人、孩子一起住，由于身体不好，常年吃药，农田大部分已承包出去，她平时很少出门，性格内向懦弱，缺乏主见。

（4）成员D：46岁，自己居住，对村里事务比较关注，家里有4亩水稻田，丈夫在外务工多年，丈夫家兄弟姐妹多，关系不和，而丈夫是最小的孩子，平时很少帮忙。除了做地里的农活，就喜欢打麻将，对村里事情较为了解，有自己的主见。

（5）成员E：48岁，自己居住，有一个儿子、两个女儿，大女儿23岁，已经嫁人，还有一个8岁的儿子和一个12岁的女儿，平时不仅要照顾孩子，还要干农活，闲暇时间，喜欢待在家里看电视。

（6）成员F：49岁，跟老人同住，公公已过世，婆婆瘫痪在床，需要照顾。大女儿已经工作，小女儿正在读书，家中刚盖了新房，经济压力较大。

（7）成员G：47岁，自己居住，丈夫在县城打工，因患有乳腺癌做过两次手术，现在一直在做化疗，但平时家务活动和生产活动依然在她的肩上，农忙或突发事件时丈夫才会回家帮忙。G生性较为乐观，虽然生病了，但依然坦然面对。

（8）成员H：46岁，有两个儿子，分别是19岁和9岁，与老人一起住，H身体不太好，丈夫在省城打工，家里需要的时候会回来。H平时会去朋友那儿坐会儿，但是话比较少。

7. 出现意外问题的应对方法

当留守妇女对社会工作专业性认识不够时，首先由乡镇村干部宣传社会工作专业知识，让她们了解接纳社会工作；其次加强对留守妇女的宣传，这需要社会工作者耐心地讲解，以为后期的小组工作奠定基础。

当组员招募困难时，可以寻求乡镇村干部的支持与协助，以此来增强彼此的信任，对潜在服务对象进行面对面的沟通与宣传，如果没有转变，让乡镇村干部进行推荐，了解留守妇女的顾虑与期望，并通过耐心沟通打消她们的顾虑。

四、小组工作过程

（一）偶然的相遇

1. 活动目的

向小组成员介绍活动基本情况，与组员建立专业关系，使成员之间相互认识，帮助小组组员了解小组目标，澄清组员对小组的期待，明确订立小组规章，签订小组契约，建立初步的团体信任。

2. 活动方案

（1）活动名称：偶然的相遇。

（2）活动地点：M 村妇女干部 K 家。

（3）活动材料：10 张 A4 纸，8 张椅子。

（4）参与人数：9 人（8 名小组成员和 1 名社会工作者）。

（5）活动内容详见表 14-16。

表 14-16 "偶然的相遇"活动内容

名称	目的	活动内容	时间
暖身游戏：胡克船长	冲破小组早期为难氛围，吸引小组成员注意力，有助于小组成员之间彼此熟悉	1. 大家围成一个圈，记住坐在自己两旁人的名字； 2. 由一个人起头，说出自己名字两次，然后再叫另一个人名字； 3. 被喊到名字的人两旁的人必须顿时说"嘿呦！嘿呦！"并做出划船动作； 4. 接着再由被叫到的人接着叫其他人的名字，若有人叫错，为大家展示才艺	15 分钟

续表

名称	目的	活动内容	时间
活动简介	为小组组员讲明活动内容和意义,让组员对小组活动有所了解	1. 为小组组员讲明活动内容和意义; 2. 介绍小组目标,鼓励成员讨论,并听取意见	20分钟
订立契约		简要总结本次活动,并通知下一次活动时间与地点	10分钟

3. 活动过程

社会工作者首先介绍自己、小组目的、活动安排和期待,同时让组员进行自我介绍。组员都是来自同一个村庄,彼此之间较为熟悉,但小组成员围成一个圈自我介绍之后,为打破尴尬气氛,开展"胡克船长"游戏,先由社会工作者做示范,再由组员模仿进入游戏,不能顺利完成的接受惩罚,表现才艺,以挖掘自身优势和特色。短暂热身过后,社会工作者向小组成员介绍小组的目标、规模,引导组员相互讨论,表达自己的意见,并对合理建议进行采纳,以增强组员参与活动的积极性,同时澄清组员对小组的期待。然后,社会工作者与小组成员一起制订小组规范,将纸笔放在桌上,由组员写出自己合理的小组规定。社会工作者带头写下自己认为应遵守的规定,鼓励组员表达自己的想法,有的留守妇女文化程度低,由社会工作者代写。与组员讨论之后,由社会工作者重新写一份,由小组成员保管。经过讨论,小组规定如下:对小组活动保密,不对小组之外的人讲;组内活动,尽力准时参加,准时出席;不怯场,全身投入游戏;尊重组员,认真倾听,非评判;愿意分享,热情互动;尽力完成家庭作业。

（二）我想对你说

1. 活动目的

小组成员分享生活中的酸甜苦辣和经验，帮助成员寻找共同点，鼓励成员表达自己的困惑和负面情绪，让组员感受到彼此间的信任与支持，初步建立成员之间的支持体系。

2. 活动方案

（1）活动名称：我想对你说。

（2）活动地点：M 村妇女干部 K 家。

（3）参与人数：9 人（8 名小组成员和 1 名社会工作者）。

（4）活动材料：彩笔 3 套，签字笔 10 支，封闭盒子 1 个，乒乓球 10 个。

（5）活动内容详见表 14-17。

表 14-17 "我想对你说"活动内容

名称	目的	活动内容	时间
生活分享	引导小组成员分享生活中的故事，拉近彼此的距离	1. 社会工作者带领组员回顾上周活动收获，给成员分发纸笔，让组员描绘自己的生活，分享故事； 2. 社会工作者进行活动总结	20 分钟
情绪球	通过情绪故事分享，帮助组员澄清各种情绪来源，加强对情绪作用的重视，同时使得成员之间产生共鸣	小组成员从盒子里随机抽取写满情绪词汇的球，向组员分享自己的情感故事	20 分钟
活动总结		简要总结本次互动，并通知下次活动时间与地点	10 分钟

3. 活动过程

社会工作者首先对前一次活动进行回顾，然后给组员分发白纸和彩笔，让她们用不同颜色描绘自己的生活。刚开始时小组成员都说画不了，社会工作者带头在纸上画上房子，在社会工作者带动下，小组成员慢慢变得积极。F画的花好看，因为她学过刺绣，大家都夸她手艺好。在F的带动下，大家都尝试画一些东西，主要以花、草、树、房子为主，颜色鲜艳。看着别人很开心，F也笑起来了。绘画结束，社会工作者做简要总结，鼓励大家想想让自己开心的事情。之后，社会工作者拿出不透明的盒子，里面放着写有高兴、悲伤、害怕、生气等情绪词的乒乓球，然后说出自己近期发生的类似感情事件。在其他组员分享故事过程中不能插话、发表意见。D拿到的球是高兴，她分享的是加入妇女自助队之后的心情，谈到妇女活动，D笑得合不拢嘴。紧接着发言的A也是满脸笑容，谈到自己热爱与人打交道的事，帮助他人让自己感到快乐。E抽到了生气，抽到球后，磨磨蹭蹭不愿说，总说没啥事。这时组内气氛有些尴尬，A见状，就帮着社会工作者活跃小组气氛。小组成员都帮忙劝说E，于是她说了一些有关孩子的事情。C在活动中仍然很被动，在分享环节以自己身体不好为由，参与不积极，当她说到身体状况时，引起小组成员共鸣。小组成员分享后，社会工作者做简要总结，并安排下一次活动地点。

(三) 我问我自己

1. 活动目的

培养小组成员健康生活意识，学习情绪管理方法，帮助小组成员接纳爱护自己，鼓励组员不断提升自己。

2. 活动方案

(1) 活动名称：我问我自己。

(2) 活动地点：M村妇女干部K家。

(3) 参与人数：9人（8名小组成员和1名社会工作者）。

(4) 活动材料：笔记本电脑1台，椅子8把。

(5) 活动内容见表14-18。

表14-18 "我问我自己"活动内容

名称	目的	活动内容	活动时间
大学堂	为组员普及健康卫生知识，学习理性情绪管理方法，树立正确的就医意识和身体健康意识	通过观看视频，为小组成员介绍科学的情绪管理知识和调理脾胃知识	40分钟
我眼中的她	通过别人的赞美，帮助小组成员发现自己的优点，肯定自我，促进成员自我意识觉醒	组员围成一个圈，依次一位成员坐在中间，其他成员讲她眼中的这位成员，组员进行分享，社会工作者进行总结	15分钟
活动总结		简要总结本次互动，并通知下一次活动时间与地点	10分钟

3. 活动过程

社会工作者回顾上次组内活动，分享收获。根据组员的实际情况，社会工作者找来科学管理情绪和脾胃调理视频，播放关于健康的知识。社会工作者对情绪管理方法和调理脾胃方法进行总结，提醒组员爱惜身体。在"我眼中的她"活动中，组员围坐一圈，组员轮流坐在中间，其他组员讲自己眼中的她是怎样的，让她们发现自己的优点。当C坐在中间时，大家说她性格温和，做事稳重，A 说自己做妇女干部时，C 很支持她工作，让她工作很顺利。大家对 C 的评价，让她很感动，她没想到自己还有这么多优点，因为自己身体不好很少跟大家来往，大家却如此看重她。大家比较熟悉，在评价他人时，举例说明，更让人信服。在整个活动中，社会工作者引导成员发现自身优点，恢复信心。

（四）漫步人生路

1. 活动目的

引导成员反思自己的生活态度，正确看待生活中的问题和困难，思考自己和身边人的关系，回顾几次活动的收获，并总结小组活动开展情况。

2 活动方案

（1）活动名称：漫步人生路。

（2）活动地点：M 村妇女干部 K 家。

（3）参与人数：9 人（8 名小组成员和 1 名社会工作者）。

（4）活动材料：椅子 8 把。

（5）活动内容见表 14-19。

表 14-19 "漫步人生路"活动内容

名称	目的	活动内容	时间
你来和我唱	引导小组成员释放紧张和压抑，帮助成员深入了解自己，形成良好的自我意识和自我评价	教组员唱《相亲相爱一家人》，舒缓情绪压力	20 分钟

续表

名称	目的	活动内容	时间
我的成长	同组员回顾小组活动的成长和感触，巩固活动效果	带领小组成员回顾活动内容和收获，分享组员成长故事	20分钟
活动总结		总结活动，处理离别情绪，社会工作者为组员发放纪念品	10分钟

3. 活动过程

社会工作者教小组成员唱歌，舒缓压力，用歌声含蓄表达对家庭的情感故事。活动结束后，社会工作者进行总结，处理好组员的离别情绪，引导组员回忆自己在小组中的成长，并以这份坚持面对今后的生活。在四次活动中，观看了留守妇女题材的影片，通过游戏增强了彼此的信任，在成员相似经历分享中得到共鸣，最后还赠送小组成员纪念礼物。

五、总结和讨论

（一）总结

留守妇女互助的小组社会工作不仅在生产生活中为留守妇女提供帮助，同时也要在情感心理方面为留守妇女提供支持，引导留守妇女将自发互助行为转变为有意识的互助行为，从应急帮助转变为情感支持。在小组工作开展过程中，社会工作者为留守妇女播放留守妇女情绪管理方法和身心健康知识视频，普及相关知识，提高妇女甄别虚假信息的能力。留守妇女在参加活动时，提前给自己设定了很多框架，总觉得"我不能""我不会"，这些错误认知影响小组工作的开展和活动的效果。互助小组的开展寄托在政府或其他组织上，这样的小组不是自己能做到的，没能充分认识到自己的能力和潜能。

在前期调研中，笔者发现农村留守妇女在生活和农业劳动中，遇到问题主要的求助对象是亲戚邻里，形成相对固定的求助群体。将互助小组工作与留守妇女生活相融合是笔者关注的重点。限于笔者能力，只能停留在留守妇女情感和生活经历的分享上。留守妇女互助活动的开展是一个漫长的过程，需开展多种活动，探索有效开展小组活动的方式，促进留守妇女自我意识觉醒，提高留守妇女的自我认知。领导对小组成员的发展是十分重要的。在活动过程中，一些小组成员表现较为积极，对其他成员有一定的带动作用，调节小组气氛，促进小组活动顺利开展。

社会工作者在活动中扮演着使能者或中介者的角色，提供信息让组员自主发展，协助组员相互帮助完成小组任务。由于留守妇女与社会工作者差异较大，虽然之前做过大量的调研，但仍然会出现各种突发状况。另外，由于社会工作者年轻，在指导活动时，组员免不了对社会工作者产生不信任和轻视的心态，影响活动效果。这要求社会工作者具备较强的应变本领和解决问题的能力。

（二）讨论

留守妇女问题是时代发展产生的问题，留守妇女遇到的问题影响着留守妇女生活质量和幸福感的提高，也同样影响着新农村的发展。而留守妇女问题的解决需要依靠专业社工作与农村留守妇女的完美结合。

首先，关注农村留守妇女个人能力的提高。在互助小组开展过程中，留守妇女是主要的受益者和参与者。在解决问题时，通常都求助于别人，而忽略自身解决问题的作用。留守妇女互助小组需要留守妇女主动参与，充分发挥其主动性，积极参与自身能力建设当中。

其次，村干部和妇女组织为留守妇女提供必要的支持，深入农村留守妇女生活，了解她们的生活需求，为她们提供农业生产技术培训，提供发展的平台与机会。让留守妇女从家庭里走出来，参与到农业生产和村庄管理中，既有利于农村留守妇女问题的解决，又有利于我国新农村的建设。

最后，政府加大专业社会工作在农村地区的投入力度。社会工作者介绍专业教育，可以用专业知识评估留守妇女需求，有针对性地开展工作。社会工作者可以在以下几个方面为留守妇女提供服务：帮助留守妇女树立正确认知，引导她们发现自身潜力并保持乐观的心态；帮助留守妇女养成健康的生活习惯，普及身心健康知识；建立良好的社会支持网络，扩大人际交往圈；帮助留守妇女排解不良情绪，学习理性情绪控制方法；链接相关可利用资源，为留守妇女展示自己提供平台和机会；培养留守妇女领导；等等。

加快社会工作在农村的推广，培养愿意奉献并热爱农村社会工作的社会工作者，帮助农村留守妇女摆脱生活困境，增强留守妇女的社会参与能力。当然这是一个漫长的过程，正需要新一代社会工作者共同的努力。

15. "生龙活虎"社区青少年成长小组

一、小组背景

青少年在社会化的过程中受到家庭、学校、社会等多方面影响，在由自然人转变为社会人的社会化过程中，出现了许多问题。所以，合理引导青少年身心的健康发展，让他们能够在社会化过程中，培养和塑造正确的人生观、世界观、价值观极其必要。另外，青少年时期是人生观、价值观形成的重要时期，这一时期青少年的特点是叛逆且极易受到朋辈的影响。自国家实行计划生育政策以来，如今多为独生子女，因此，帮助青少年树立正确的价值观和建立健康的朋辈互助小组就尤为重要。

青春期是一个敏感期，青少年的身体和思想都发生着巨大的变化，这一时期的个体更多地接受着来自学校和同辈群体的影响。对于青少年来说，自我意识逐渐清晰。个体自主选择的价值观和目标决定了其持久的同一性，青少年期的价值观对其一生的健康成长产生重要影响。如果能有人给予正确的引导，提供适当的锻炼，将有助于他们建立积极的价值观和稳定的角色。

因此，对社区中青少年开展小组活动，帮助其在有趣的小组活动中树立个人正确的价值观、人生观，引导积极的群体价值取向尤为重要。

1. 青少年需求

（1）青少年在学习方面都存在很大的压力，除了学校还有父母，更多的来自自身。周一到周五在学校学习，周末又要参加各类培训班。整个人连续性地处于疲惫状态，无精力或者厌恶学习。

（2）社区青少年的父母很多都要上班，陪伴孩子的时间少，许多青少年都是处于放养状态。而青少年心智的不成熟，让他们在选择方式上存在偏差，不能正确地规划自己的未来。加之缺乏控制力，往往不能合理分配学习与娱乐的时间，很难拒绝外界的干扰。

（3）青少年缺乏接受良好学习教育的社区环境，无论是物质方面还是精神方面，目前社区缺少为青少年开展的项目以及活动场所。

2. 小组活动意义

小组是一个群体，当组员进入其中时，个人受到团体力量的影响，行为很容易发生改变。通过群体效应，组员间可以相互影响。社会工作者必须了解小组性质，恰当地驾驭，正确地引导，实现小组的既定目标。社会工作者在协助组员解决问题时，应协助青少年增强沟通与交流能力，培养他们的领导能力和团队协作意识，进而矫正偏差行为，促进健康成长。小组工作服务青少年的意义在于以下三个方面：

（1）帮助青少年树立正确的价值观；

（2）有助于青少年找到未来的自己；

（3）帮助青少年建立健康的互助朋辈支持网络。

二、小组工作实施的已有基础

1. 政府政策支持

中共中央、国务院下发了《关于进一步加强和改进未成年人思想道德建设的若干意见》（以下简称《若干意见》），全国召开了加强未成年人思想道德建设工作会议。各地党组织和政府都非常重视青少年思想道德建设，采取得力措施，优化青少年健康成长环境，努力为青少年成长成材办实事。加强和改进未成年人思想道德建设已成为党和政府以及社会各界高度关注的热点和重点工作。党的十八大以来，以习近平总书记为核心的党中央高度重视未成年人的健康成长，将立德树人作为教育的根本任务，促进青少年成长成才。

2. 社区支持

社区是青少年成长的一个重要环节，中小学生每年有170多天的假期在社区度过，社区已经成为青少年的聚集地，成为青少年学习、生活和活动的重要场所，因此，在社区开展小组工作有利于指导青少年成长，帮他们树立正确的人生观和价值观。

3. 理论基础

马斯洛需求层次理论认为人的需要具有层次性，并根据重要性的不同对人的需要进行排序，分为生理的需要、安全的需要、归属和爱的需要、尊重的需要和自我实现的需要。生理的需要是人生存的最基本需要，如食物、住房；安全的需要主要是保障人身安全，免受外界侵袭，避免恐惧和焦虑；归属和爱的需要则是期望与他人建立情感关系（如同伴、恋人等）或被所属群体接纳；尊重的需要包括自我尊重和他人对自己的尊重、理解；自我实现的需要就是通过自己的努力实现既定目标，发挥自身潜能，实现自我价值。处于成长期的青少年，由于安全的需要、归属和爱的需要等基本需要未能被满足，导致在日常生活中出现各种问题，如社交困难、厌学、青少年犯罪等。开展小组活动有利于满足青少年的认同感，促进他们健康成长。

三、小组工作进度安排

（一）小组介绍

（1）小组性质：发展性小组。
（2）小组的种类：开放性。
（3）服务对象：11～15岁的XX社区青少年。
（4）参与人数：10人。
（5）活动日期：2016年6月15日～10月15日。
（6）活动周期：每周1次。
（7）活动地点：社区活动室。

（二）招募计划

1. 招募对象

11～15岁的社区青少年。

2. 招募方法

（1）在小区公告栏内张贴活动告示；
（2）请居委干部党员义工在小区内宣传；
（3）通过社区青少年服务站或者管理处电话招募；
（4）制作邀请函，发放到符合条件的青少年家中，邀请其加入小组活动；

（5）制作海报、横幅、展板、宣传册等，开展外展宣传活动，进行现场报名。

（三）进度安排

1. 准备阶段：2016年6月15日～7月15日

在进入社区之前先进行整体规划，拟定行动章程。进入社区，根据走访调查所得资料，对所服务社区开展需求评估、设计服务方案、培训小组领导者。通过各种手段宣传项目活动，招募、筛选组员，为后期小组活动的顺利开展做好准备。

2. 实施阶段：2016年7月15日～9月15日

小组活动每周开展1次，每次一个半小时，计时2个月。

3. 结束阶段：2016年9月15日～10月15日

进行小组活动、项目成效评估。所有参与项目运作的成员、领导者做总结报告，并在半个月之后，对小组成员进行回访。

四、小组活动方案

表15-1　第一次活动

活动名称	活动内容（规则）	活动目标	所需物资	活动时间
开场白	对组员来参加小组活动表示感谢，介绍小组大致情况（活动次数、活动时间及场地）	让组员们找到归属感，了解小组活动的基本情况	—	5分钟

续表

活动名称	活动内容（规则）	活动目标	所需物资	活动时间
自我介绍	姓名、兴趣爱好等	工作人员与组员、组员与组员之间相互认识	—	20分钟
保密原则	工作员对小组原则进行解释讲解，组员签订保密原则	使组员对小组产生信任感和安全感	6份保密协议纸质版	10分钟
讲解小组工作	讲述小组的内容以及目的，对小组进行介绍，解答成员对于小组的疑问	使小组成员对于小组内容有初步的了解，解答澄清成员的疑惑	—	5分钟
进行热身游戏：动作传递猜词语	所有人向同一方向一竖列站好，由队尾一人想出一个词语并用动作表达给前一人看，依次传到队伍最前面一人看完动作，猜出词语	让小组成员放松，缓解刚进入小组的紧张感，组员间互动减少距离感，缓解尴尬气氛，活跃小组氛围	—	20分钟
主题活动：印象卡	每人领取一张印象卡，在上面写上姓名，画上简单的自画像，写上对自己的评价	帮助了解自我，增进成员之间的沟通	6张彩纸，6支笔	30分钟

表15-2 第二次活动

活动名称	活动内容（规则）	活动目标	所需物资	活动时间
寒暄	组员间互相说说最近发生的有意思的事，进行分享	活跃气氛，放松身心	—	10分钟
热身游戏：大风小风吹	根据每次不同主持者的不同要求进行换位活动	缓解组员的紧张感，营造轻松的氛围；调整组员的座位	—	20分钟
主题活动：我最难忘的	填写表格，表格中的内容是关于过去的一些重要的回忆	回顾自我，互相分享，拉近组员距离，使彼此更了解	6份相关内容表格，6支笔	40分钟

续表

活动名称	活动内容（规则）	活动目标	所需物资	活动时间
感受与评价	邀请组员简单地说出对这次聚会的感受及意见，包括对社会工作者或者其他小组成员的不足与看法，以及对下次工作的建议	让组员表达对这次聚会的感受，也让各位组员了解到别人的感受	—	10分钟
总结与讨论	总结和讨论第二次聚会的情况，并为下次活动做铺垫	社会工作者总结今天的活动情况，说出自己的看法和感受，并且强调下次活动的时间和地点，提醒组员积极参与	—	10分钟

表15-3　第三次活动

活动名称	活动内容（规则）	活动目标	所需物资	活动时间
寒暄	组员间互相说说最近发生的有意思的事，进行分享	活跃气氛，放松身心	—	10分钟
热身游戏：小厨师	选出一个人做小厨师，其余人围圈坐下，少一把椅子，当小厨师的组员可以任意点起组员当菜，最后喊下锅时没有抢到椅子的组员为下一轮的小厨师	缓解组员的紧张感，营造轻松的氛围，调整组员的座位	—	25分钟
主题活动：我的纯净水	让组员在纸上写下10个自己想要的东西，要求为抽象名词，然后依次三个三个地舍去，最后剩下一个词	让组员了解自我，找到自己的最大目标追求并明确它，在组内分享，增进彼此认识了解	6张纸，6支笔	35分钟

续表

活动名称	活动内容（规则）	活动目标	所需物资	活动时间
感受与评价	邀请组员简单地说出对这次聚会的感受及意见，包括对社会工作者或者其他小组成员的不足与看法，以及对下次工作的建议	让组员表达对这次聚会的感受，也让各位组员了解到别人的感受	—	10分钟
总结	总结和介绍第三次聚会的情况，并为下次活动做铺垫	社会工作者总结今天的活动情况，说出自己的看法和感受，并且强调下次活动的时间和地点，提醒组员积极参与	—	10分钟

表15-4 第四次活动

活动名称	活动内容（规则）	活动目标	所需物资	活动时间
寒暄	组员间互相说说最近发生的有意思的事，进行分享	活跃气氛，放松身心	—	10分钟
热身游戏：你比画我猜	两人一组，一人用肢体语言描述看到的成语，一人来猜，每组计时5分钟，猜词最多组获胜	缓解组员的紧张感，营造轻松的氛围，增进默契	200个成语，小奖励	15分钟
主题活动：生涯拍卖	每人一份拍卖价目表及说明细则，根据自己的喜好和规划用相同的资金拍到自己想得到的生涯项目	更好地认识自我，明确目标和努力方向，交流分享，增进组员了解和情感	6份资料	50分钟
感受与评价	邀请组员简单地说出对这次聚会的感受及意见，包括对社会工作者或者其他小组成员的不足与看法，以及对下次小组工作的建议	让组员表达对这次聚会的感觉，令社会工作者明白他们对小组的看法和意见，也让各位组员了解到别人的感受	—	10分钟

小组工作案例

续表

活动名称	活动内容（规则）	活动目标	所需物资	活动时间
总结	总结和介绍第四次聚会的情况，并为下次活动做铺垫并提醒下次活动将为最后一次活动	社会工作者总结今天的活动情况，说出自己的看法和感受，并且强调下次活动的时间和地点，提醒组员积极参与	—	5分钟

表15-5　第五次活动

活动名称	活动内容（规则）	活动目标	所需物资	活动时间
寒暄	组员间互相说说最近发生的有意思的事，进行分享	活跃气氛，放松身心	—	10分钟
热身游戏：嘴巴手指不一样	所有组员一人接一人边拍手边说"嘴巴手指不一样"，然后比出一个数字，下一个人喊出数字与表示出的数字不能一样，一样则接受惩罚。数字为1~5	缓解组员的紧张感，营造轻松的氛围	大瓶饮料	10分钟
热身游戏：烛光爆破	点燃蜡烛，顺时针、逆时针自由提问，被问者回答要将蜡烛熄灭，失败者接受惩罚	缓解组员的紧张感，营造轻松的氛围	蜡烛，打火机	10分钟
主题活动：我有一个梦	组员闭眼，由社会工作者将组员带入想象的世界，在梦中身临其境想象几十年后的自己，最后写下做分享	设立目标，情绪体验，激发组员想象力和生活热情	6张纸，6支笔	40分钟
感受与评价	邀请组员简单地说出对这次聚会的感受及意见，包括对社会工作者或者其他小组成员的不足与看法，以及对下次小组工作的建议	让组员表达对这次聚会的感觉，令社会工作者明白他们对小组的看法和意见，也让各位组员了解到别人的感受	—	10分钟

续表

活动名称	活动内容（规则）	活动目标	所需物资	活动时间
总结	总结和介绍第五次聚会时的情况，处理离别情绪	社会工作者总结本次活动的情况，说出自己的看法和感受，回顾五次活动的成果，为小组活动的结束作准备	—	10分钟

五、小组干预目标与服务效果

1. 总目标

通过引进专业社会工作理念与专业方法，以社区为场地，开展各项活动，充分整合个人、家庭、社会资源，建立青少年家庭支持网络，培养青少年良好的行为习惯，辅导青少年成长心理健康以及青少年个人发展规划，提高青少年综合素质及其社会发展能力，为青少年健康成长创造良好社会环境，旨在建立社区青少年综合服务中心，解决青少年的心理问题、网络成瘾问题、犯罪问题等一系列社会问题，成为政府在青少年教育领域强有力的助手。

2. 具体目标

（1）减轻青少年学习压力，学会运用科学的方法宣泄，提升自信和认知，勇敢地面对生活中的困难。

（2）为社区青少年更好地接受学习教育创造条件，帮助他们选择合适的学习方式，提高学习效率，树立正确人生目标，规划职业生涯。

（3）教会青少年恰当处理学习与娱乐的关系，寓教于乐，培养兴趣爱好，合理分配时间。

（4）增强青少年对社区的归属感，把社区看作一个大家庭，产生"家"的感情，贡献力量建设幸福社区。

六、小组活动的展望

1. 目标群体的特殊性

无论是从生理还是心理上来说，青少年是弱势群体。首先是他们在生活上不能独立，需要依赖父母或者亲人。其次是安全上，由于生理的限制，与成年人相比，青少年会面临更多的生命危险，需要国家和社会提供更多的保护。最后是心理层面，青少年无论是智力、思维还是情感、认知，都还处于发展阶段，权利极易受到损害，再加上能力和资源的有限性，受损害的权利很难得以维护。青少年群体由于其自身的脆弱性、发展性特点，在社会环境中更容易被摧毁，更容易在现代化的进程中偏离社会的正常轨道。

2. 采用社会工作的方法

社会工作者利用自身专业技能，发挥优势，为居民提供最需要的社区服务。"社会工作是以利他主义为指导，以科学的知识为基础，运用科学的方法进行的助人服务活动。其本质是一种助人活动，其特征是提供服务。它以受助人的需要为中心，以科学的助人技巧为手段，以实现助人的有效性为目标。"一方面，社会工作机构作为第三方，受到身份和职业准则的双重约束，能更好地实现价值中立，做到不偏不倚；另一方面从事该专业服务的工作者——社会工作者，除了掌握基本的社会工作理论知识外，还具备熟练的社会调查研究技能和较强的分析解决问题的能力。

社区工作案例

16. "三家互动"共促社区管理

一、案例背景

襄阳市襄城区尹集城乡一体化示范区的"白云人家"新型农村社区是襄阳首个开建的新型农村社区。"白云人家"新型农村社区位于中华紫微园以北、305省道以东,规划占地200亩,安置了青龙村6个组共496户1755人。白云人家社区居委会从成立之初,就在不断思考:社区工作人员如何发挥基层管理作用建设和谐社区?如何架起居民、社区居委会的沟通桥梁,促进各方面的关系,夯实和谐社区建设的基础?同大多数小区一样,有些居民对物业公司不信任、不理解,以一点小事处理不满意为由不交物业费的现象也时有发生,有的居民埋怨社区居委会没有尽职尽责,没有管理好物业服务企业,而物业企业也是一肚子苦水。

经过实地调研,社会工作者发现,周边许多小区物业管理上普遍存在业主、业主委员会和物业服务企业配合不好,社区居委会难以协调,小区服务管理上问题较多的情况。根据调查从其他老建社区积累起来的经验,笔者梳理出了一条走访摸民意——协调各方利益——解决实际问题的工作思路。首先,到居民家中调研,详细了解他们对社区居委会的期待、愿望和诉求,弄清居民不配合的缘由始末,表达坚决解决问题的决心和信心。其次,向各个物业服务单位和相关人员咨询探讨，寻求一种适合本社区实际情况并且具有发展前途的服务管理新模式。根据调研积累的经验，尝试业主委员会、物业管理企业、社区居委会三家联动、协调推进社区管理的模式，以建立有效的服务管理新机制。

二、服务实施过程

针对以上各种情况，社会工作者计划从成立小区业委会入手，以期达到业主自治、民主管理的效果。在白云社区物业办协调指导下，社区居委会协同小区物业服务企业，选举产生业主代表，推选成立业主委员会。

小区业委会成立以后，社区居委会借助这个业主自治组织，搭建"听证会"平台，建立由社区居委会、业委会、物业管理处三方参与的"听证会"制度，在一年两次的听证会上，社区居委会、物业企业各自向业主代表详细介绍各项工作的开展实施情况、存在的问题和面临的困难，征求业主代表的意见、建议，通过"三方互动"，一些矛盾、对立情绪得到缓解，有些难处和问题得到体谅和妥善解决，互动、互信、民主管理的氛围逐渐形成。社区居委会具体做法如下：

（1）扎实开展入户走访，充分了解民情民意。社区工作人员串门入户，通过深入走访居民，听取对目前居住环境的意见建议，积极听民声、访民意、察民情、排民忧、解民难，不仅有助于掌握居民的真实情况和真实需求，而且实现了社情民意与社区建设、社区服务的有效对接，了解业主对物业服务的意见、要求或建议。经汇总分析后，居委会以"三方互动"的方式，把居民请上来，面对面地消除误解、化解分歧或矛盾，同时采用情理法技巧，引导业主认识到物业管理企业在为居民提供整洁、优美、舒适生活环境的同时，也付出了辛勤的劳动，实质上是一种以"服务"为商品的等价交换，是一种有偿服务，使业主懂得在享受物业服务的同时也要为服务买单的道理。特别是在走访业主委员会成员和业主代表时，更是与他们促膝交谈，既介绍工作方法，又商讨管理方式，共同研究如何形成小区凝聚力、打造和谐小区的途径和方法。

（2）联系物业管理企业，创新服务观念。如何提高社区物业服务企业的自我生存能力和服务质量，如何确保物业服务企业在社区长期生存和发展，这是摆在政府和社区物业服务企业面前的艰巨任务。一是社区居委会主动了解物业管理情况和需要配合协助的事项，同时巧妙督促和引导物业管理公司尽心尽责、满腔热情地为业主提供良好服务，努力使物业服务做得更加专业、更加规范，随时为业主提供"物有所值"的服务。通过走访座谈，交流了思想、提高了认识，更明确了物业服务企业"逆水行舟，不进则退"的忧患意识，达成了共识。二是时时关心物业企业员工生活。每逢节假日或恶劣天气，社区居委会组织人员前去慰问或安抚，并力所能及地为他们提供一些关心和帮助，增进了解、促进信任、融洽关系。

（3）协调多方利益，协助物业公司解决"收费难"。白云人家社区是一个典型的城中村，人口密集、房屋杂乱，相关单位曾投入城中村改造扶持资金，改善环境，并在2013年和2014年引入物业管理公司，意在让居民享受到城市化带来的花园式管理。但近几年，物价上涨过快，劳动力成本大幅增加，再加上小区物业费用收缴困难，物业服务企业属于劳动密集型产业，在企业收入未增加而经营成本不断增加的压力下，企业可能会因为难以为继而退出所管项目。现在该社区的物业管理几近"瘫痪"，车辆进出无人管理，环境卫生较差。物业服务企业存在"收费难""基础设施欠账多""负担重""服务素质低"四大问题。从调研情况来看，已有部分企业经营处于严重亏损状态，个别企业已退出管理，在物业服务费方面，收费标准较低；在收费率上，因社区居民物业管理意识淡薄，不愿花钱买服务，且认为世代在此居住从未缴过费，对缴纳物业管理费有抵制心理。根据调研的情况发现，目前的收费率平均在70%左右，造成社区物业服务企业普遍存在收费标准及收费率"双低"的现象。在停车费方面，白云人家社区大多属村民自建房组成的城中村小区，具有无规划、无产权、公共基础设施不完善、人居环境建设滞后等特点，物业公司申办停车场经营许可证时存在不同程度的困难，经与市交警局协调，目前虽已适当降低申办条件，但停车场许可证申办难的问题仍未得到彻底解决，因此物业服务企业虽对小区车辆进行管理但无法收取费用。据统计，目前已办理停车收费许可的社区不到60%。另外，社区公共基础设施非常薄弱，各种配套设施如消防、排水、排污等设施根本没有或者已严重老化，多数社区虽经整治，但受资金限制，这些问题仍未得到彻底有效的解决。政府的扶持补助资金十分有限，只能用于修建围墙、建设岗亭、配置物业管理用房、安装监控器材等，无法完善薄弱的基础设施，这导致物业服务企业进驻后管理难度高，维修养护成本大，直接影响物业服务质量。

　　白云人家社区物业管理处通过建立"三家互动"、听证会和设立社区联络员等措施，了解小区业主的要求和需求，不断改进、强化服务工作，真正做到用心、尽心，得到小区广大业主的认可。一是用真诚之心，贴近居民。在做居民工作中，难免会遇到一些"难缠事、烦心事"，有时还会遇到"带刺"的居民，"精诚所至，金石为开"，社区工作人员用一颗真诚的心，带着对居民高度负责的态度，通过细致入微的思想工作，耐心地宣传党和国家政策、社区物业管理企业存在的实际困难，不厌其烦地动之以情，晓之以理，走进居民的内心世界，实行"零距离"沟通。二是发挥政策影响人和谈判者的角色，用宽容之心，感动居民。在与居民打交道的过程中，难免会遇到一些情绪激动的居民、对于收费标准有异议的居民。对此，社区工作人员晓之以理、动之以情，树典型立模范，用实际行动来感化居民，教育居民，引领居民，带动社区居民陆续缴纳物业费。三是社区工作人员着力发挥民情联络员作用，与社区党员同志联络沟通，让党员同志协助社区收集居民的热点话题、思想动态、普遍要求和不稳定信息，及时向社区反映，并对社区的各项工作进行监督。

目前，白云人家社区文明和谐气氛浓厚，业委会、业主同物业企业关系融洽，管理有序、服务完善、文明祥和，2017年和2018年连续两年被评为全国农村幸福社区建设示范单位。

三、案例思考

在解决社区管理问题过程中，充分采用地区发展模式，通过建立业主委员会、物业管理公司、社区居委会三家互动和设立社区民情联络员，动员社区内外资源，调动社区居民参与、互助合作，再加上上级政府和外界机构组织的协助和支持，解决社区问题，满足居民需求。该模式强调的是居民的参与和合作沟通，注重居民在参与社区发展过程的个人能力、公共意识和社区归属感的培养，而不仅仅是社区物质环境的建设。白云人家社区建设的经验充分证明，业主委员会、物业管理公司和社区居委会三家互动不失为一种协调推进小区服务管理的有效机制。然而，有效并非长效，此一时的有效难保彼一时的有效。比如，物业费的收取标准将会受到外界大环境的影响；目前的收费水平能维持当前的物价水平和房屋质量维护，但难保以后对价互动，等等。对此，在以后的工作中，应重点培育业主的自治意识、花钱买服务和共爱家园意识，共同参与管理，善待物业企业员工、善待小区，及时协调相应关系，调处相关矛盾，通过社区居委会、业委会、物业公司三家平和互动，实现小区管理有序、服务完善、治安良好、环境优美、文明祥和。另外，要充分发挥社会组织在社区治理中的作用，注重培育一批"三社联动"服务品牌项目，鼓励和引进城市社会组织深入农村社区承接服务，采取项目化管理运作的方式，以村民需求为导向，组建多种形式的社会组织，运用公益创投、购买服务等方式，支持社会组织有序参与农村社区服务。

17. 一"网"情深　互连服务居民

一、案例背景

襄阳市樊城区盛特小区是近年来新建高档住宅小区，小区分两期交付，共有2100余户居民，截至2017年年底有1400余户居民入住。居民之间缺乏交往，彼此都不认识。该小区居民文化素质相对较高，小区中98%的家庭配有电脑，90%的居民会使用，而且经常使用电脑上网。小区的上班族没有足够的时间参与社区举办的活动，也不太了解社区发生的事情。新小区新邻居之间也需要互相交流，建立人与人之间的亲善、关爱的关系。这就需要有一个平台让居民广泛参与小区发展，共同营造良好的小区氛围。为此，根据小区居民都上网的特点，我们引入互联网新经营理念，创建"一网天下"平台，让小区加入"一网天下"建成网络家园，利用互联社区各种便捷的信息服务，为物业、居民及社区三方提供一个信息共享、互动交流、协调合作的平台，从而最大限度地发挥优势，为居民提供更优质的服务。

二、服务实施过程

第一步：建制度、抓规范、做好社区规划。

首先，社区成立网站管理成员小组。由社区书记、信息员、物业公司、业主委员会组成，制定及时更新、有问必答、答必满意等工作制度。每天上班之前和下班之前信息员浏览互联动态,对居民提出的问题(论坛和互动)进行解答,不能解答的,先摘录,进行讨论落实后再回复,做到一周内必有答复。其次,建立网友资源库。随着逐步被居民接受,网站也受到了更多的关注。信息员将论坛上频繁出现的网名记录下来,并逐步掌握其家庭住址、爱好特长、年龄等信息,引导他们充实到现实的社区建设中。最后,在每年11月召开网络交流会,进行论坛版主和副版主的竞选,网站管理成员小组对论坛的帖子进行整理,以公正、公开的方式引导业主跟帖,并成立网络文明监督志愿者队伍,促使社区论坛健康、有序地发展。

第二步:利用"一网天下"开展工作。

一是开展网络宣传。网络宣传是新兴的、强大的宣传工具,我们充分利用互联社区的特点,协助宣教工作覆盖整个社区。(1)经常性地发布网络温馨公告,将活动通知、各类新政策、有线电视和天燃气的开通等信息传递给居民;(2)不断增加健康常识、科普知识、法律法规等内容,让居民学习接受;(3)社区各种创建庆祝活动信息或宣传横幅第一时间在网上展示,与居民共享社区事务。这些方便快捷、不同以往的工作方式,让工作繁忙或身在外地的居民也可以及时获知社区近况,填补了对这一人群宣教工作的空白。

二是将便民服务网点搬到网络上。居民的生活离不开衣、食、住、用、行。盛特小区作为陆续交付的新建小区,刚刚住进来的居民对周边环境、便民服务网点不熟悉。我们本着"开一家登记一家"的原则,将小区周边的便民店铺一一分类,发布到网站。便民店铺在网站都有详细介绍、联系方式，并配有实景图，可信度高。这样，居民足不出户，只要随时打开网站就能找到所需的服务。比如，有一次，居民来电询问，社区里是否办有托管班，我们将社区附近的两个托管中心介绍给他，并向他提供社区网站，告诉他可以通过社区网站找到所需的服务，后来这位居民按图索骥，不仅找到了中意的托管中心，还在以后尝到了很多便民服务的甜头。

三是建立"跳蚤市场"。在分类信息一栏中，居民可以出售闲置的物品，也可以根据自己的需求找到合适的物品。比如，网上有这样一则信息：盛特二期小高层下D19或D144车位出租，租金400元/月，每年一付。这给有车无位的居民提供了有价值的信息，接下来就有人留言正求租车位，如租金可以便宜些，请电话联系。又如，一则消息题目为"一位孕妇的紧急求助"，大概意思为：因怀孕上班不方便挤公交车，又很难打到出租车，真诚希望上班同一方向的有车一族，可以顺带上下班，费用可按出租车费用计或另行商量。最后，这位准妈妈通过跟帖找到了愿意拼车的好心人。诸如此类的"广告"，非常贴近居民生活，在"交易"过程中不仅促进了小区居民互相认识，还对促进小区居民之间的沟通了解起到很好的作用。

四是设立居民回音箱。点对点信箱是物业与业主、社区与居民之间的私密交流平台。在居民刚刚入住的时候，我们将社区简介、服务宗旨、工作人员基本情况等发到居民的点对点信箱，让他们对社区有一个初步了解。同时居民有什么需要或者疑难问题也可以通过信箱，反映给社区居委会。这样，社区可以根据居民的需要提供服务，解答疑难问题。居委会互动之窗是一个公开的交流互动平台，居民可以随时在网上向社区居委会提问，比如，有个居民询问：独生子女父母奖励费到哪里领取？工作人员发现提问后第一时间作出回复，同时，这个回复的内容是公开且长久存在的，有相同疑问的居民一看便明了。

五是论坛提高社区服务质量。小区论坛利用率较高，目前，论坛的注册会员有 792 人，帖子总数达 6000 多篇。居民可以在不公开表露身份的情况下，不定时地反映情况和提出建议，可对问题进行积极沟通交流。有不同看法、不同意见的业主，可以在论坛上进行切磋，起到业主之间的沟通交流平台作用，同时交流的意见也可为社区创建提供参考，做到创建工作全民参与。比如，网名叫珞珞妈的居民在网上发帖建议，我们小区绿化好，绿地多，建议搞一个"绿地承包"，可以培养孩子从小爱护绿地的意识。又如，住户在网上反映了许多关于小区装修的问题，需要业主委员会出面协调，通过论坛，业主委员会在网上公开回复，每月的第一个星期一晚上 7:00~9:00，安排人员在业主委员会办公室接待住户，协调讨论解决住户提出来的事宜。通过小区论坛，可以让小区管理更好地接受居民监督，真正实现自我管理、自我服务、自我教育、自我监督。

三、案例总结

社区信息化是社会信息化的重要组成部分，社区信息化是在政府主导和社会广泛参与下，以居民需求为导向，综合利用信息技术手段，整合社区资源，为社区居民提供全方位信息服务，提高社区管理和服务水平。在国家信息产业不断发展的宏观背景下，推动社区信息化建设的内在动因是提高社区管理和服务质量之需求；社区信息化在客观上成为由传统社区向现代社区转型的推进器。通过近两年的良好运行，"一网天下"日趋成熟，在盛特社区家喻户晓，深入人心，居民的生活越来越离不开它，它是人们健康娱乐、交流互动的乐园，是社区开展各类宣传教育的有力阵地。今后，社区将不断总结完善互联社区的服务内容，提高服务的质量和效率，让互联社区这个多功能平台更快更好地发展。

18. 情暖夕阳　爱满空巢
——关爱空巢老人社区服务活动

一、案例背景

"空巢老人",一般是指子女离家后的中老年夫妇。随着社会老龄化程度的加深,空巢老人越来越多,已经成为一个不容忽视的社会问题。当子女由于工作、学习、结婚等原因而离家后,独守"空巢"的中老年夫妇因此而产生的心理失调症状,称为家庭"空巢"综合征。随着我国经济的发展,老龄化问题日益突出,其中"空巢老人"现象尤其引人关注。"空巢老人"长期得不到关爱,找不到人诉说心中的想法会出现一些心理症结,主要表现为心情郁闷、沮丧、孤寂,食欲减退,睡眠失调,平时愁容不展,长吁短叹,甚至流泪哭泣,常常会有自责倾向,认为自己有对不起子女的地方,没有完全尽到做父母的责任;也会有责备子女的倾向,觉得子女对父母不孝,只顾自己的利益而让父母独守"空巢"。

襄阳市中原路铁路社区总面积17.6万平方米,绿化面积6.11万平方米,常住户4050户,离退休党员230人,老年人1800余人,其中,70岁以上的有1700余人,有将近半数的老年人没有和子女同居住,"空巢老人"211人,"三无老人"3人,残疾老人30余人。老年人对自己的身体很重视,平时生活主要靠自己与老伴的相互照顾;生活娱乐相对单调，主要是看电视；对于社区的活动参与热情并不高。

二、主要问题分析

主要问题：对于这样一种老年人较多的社区，如何增加老年人的社会支持，让残疾老人、"空巢老人""三无老人"获得更多的社会支持，引导老年朋友健康科学地生活，鼓励老年朋友积极参与到社区各项建设中显得格外重要。

问题分析：老年人退休后本来就有一种失落感，如果再加上单身、"空巢"和疾病，就难免会产生空虚、寂寞、焦虑、抑郁等负情绪；长寿是每个老年人的愿望，需要建立科学的健康知识体系；一些"空巢"残疾老年人，将日常生活的照顾放在了首位；需要培养社区老年人对各种文体活动的兴趣，引导他们走出家门、走进社区。

确定服务模式：采用社区工作方法中的地区发展模式，以社区为对象，通过组织社区成员参与集体行动去界定社区需要，合力解决社区问题，挖掘和动员各种资源，为社区老年居民争取合理的资源分配，尤其是"空巢"、残疾老年居民，改善社区环境及生活质量，协助社区老年居民分析问题，发挥自主性，提高他们及社区团体对社区的认同，鼓励他们通过自助和互助解决社区问题。

三、服务计划

1. 目标

培养老年居民科学健康的生活方式，利用各种资源有效解决"空巢"、残疾老年居民日常生活照顾问题，利用各种活动鼓励老年居民参与，从而带动老年居民参与社区的各项建设，提高老年居民的社会意识。

2. 具体目标

（1）为"空巢老人"的生理、心理、社会生活方面提供服务，解决空巢老人的问题，如认知情绪的处理、精神问题的解决，社会支持网络的建立。这可以协助"空巢老人"增强个人能力，预防心理功能的迅速退化，促进"空巢老人"身心健康；促进老年人的人际关系，鼓励老年人参与社会活动，满足精神生活的需要，改善"空巢老人"的生活环境，并协助"空巢老人"适应社会环境。

（2）解决社区"空巢老人"的精神生活问题，改善社区的生活风采，促进"空巢老人"与社区的关系，提供"空巢老人"自助互助的意识及能力。社区有能力自理的"空巢老人"需要更多的发展空间，重新适应社会，以满足"空巢老人"与社区的最大利益，完善社区环境。

（3）提供各种形式和各种内容的健康讲座及健康生活方式活动，增加老年居民的健康知识，建立健康的生活方式。

（4）提供服务和发展资源，针对社区的老年居民中各种群体情况，开拓服务项目，积极争取更多的社会资源。

（5）社会工作者利用现有资源，通过低龄老人帮助高龄老人改善生活上的不便，高龄老人对低龄老人讲解往后生活上会发生的琐事，有什么办法可以解决及缓解，促进"空巢老人"互助。

四、服务过程

（1）定期开展"医"路同行活动。一方面根据老年人身心特点，设置爱心义诊，邀请医学院的志愿者师生定期给老人量血压；纠正老年人对于高血压等常见疾病的认识误区，有针对性地提出合理膳食、科学锻炼、定期体检、控制体重、戒烟限酒、平衡心理等科学建议，获得了老人们的一致好评。社会工作者链接社区资源，联合襄阳市爱尔眼科医院举办了"美丽视界，用心呵护"空巢特困老人眼部义诊活动，医生对检查结果给出专业性意见和建议，帮助老人了解自己眼睛的健康状况。前来检查的周爷爷乐呵呵地说："社会工作者举办的'空巢老人'眼部义诊活动很不错，不仅检查了眼部健康状况，还了解了眼睛保健的知识，希望以后社会工作者可以经常组织此类活动。"另一方面积极开展各种健康知识活动，如糖尿病讲座、"三高"俱乐部、养生知识普及、手脑协调训练等鼓励老年居民参加这些活动，不少老年居民对这些活动都很感兴趣，发现平时生活中存在不科学的生活方式，同时老年朋友在参加活动的过程中主动交谈，也消除了对这些疾病的恐惧，学会了不少健康生活知识。

（2）开展小组安全主题活动。开展防跌知识学习教育小组活动，社会工作者与长者们一起总结了日常生活中容易引起跌倒的隐患：地面湿滑、地面不平整、有障碍物；环境不适宜，如灯光暗、洗浴间无扶手、马桶高低不合适、椅子无靠背、东西放置过高、过道拥堵等；活动不当，行走猛然变换体位、上梯子拿东西、健身锻炼不慎；老年衰退，体位不稳、视力下降、平衡能力不好，服用某些治疗慢性病的药物有反应等。结合以上容易跌跤的因素，社会工作者邀请襄阳职业技术学校老年护理学专业退休教师为老人们开展了两次小组主题活动，帮助老人树立注意平时预防、重在提高的预防意识，及时调整身体的各种失衡状态，如眼病对视力的影响，各种老年性的心血管、脑血管病对动作的影响，帕金森、风湿症、关节炎、腰腿疼病等对肢体活动的影响，要尽力调整到最佳状态，建立新的平衡。锻炼、外出活动、乘车船等要身体力行，不可强求，无限拔高。此外，有一个重要的理念是，学会提前休息，随时保持精力和体力是不摔跤的良好基础。

（3）社区通过"走百家老人巢，知百家老人事，暖百家老人心"活动，了解老人需求等情况，根据每个"空巢老人"的具体情况，将社区认亲养老体系分 A 类、B 类、C 类三种管理模式，建立长期有效的养老机制。A 类：情加亲养老，主要针对行动不便、亲戚不在身边的重点帮扶对象，认养人与被认养人住同一楼道，有一定的感情基础。B 类：邻加亲养老，一般指老人有一定的活动能力，身体健康，需要精神上的扶持，通过看望聊天，填补老人亲人不在的空虚。C 类：亲加亲养老，指有一定经济能力的老人，包括子女住在附近或雇用保姆的形式，认养人一般以经常上门看望为主。同时根据每位老人的习惯、爱好和家庭状况详细登记造册，以一册（登记联系册）、一卡（认亲养老服务卡）、一簿（家庭情况记录簿）为主线，以卡片的形式将居委会、认养人的电话分发给每位老人，保证他们在遇到紧急事件时能迅速为他们提供服务、排忧解难。

（4）开展各类老年人兴趣团，帮助老年人制定不同的目标和任务，为老人提供服务，增加其参与社会活动的机会，通过康乐团体活动，帮助老人参加相关团体活动排解生活中的寂寞，解除生活中的苦闷，增加生活情趣，促进身心健康的发展。社区成立了文体艺术联合会，设立书法、绘画、工艺制作、编织、合唱、舞蹈、越剧、甬剧兴趣小组及各种艺术类讲座，"康乐工作室"的推出立即受到社区居民的追捧，不少老年居民平时觉得无事可做，现在有了自己喜欢的文艺活动，都表示非常愿意参加。

五、服务经验

"空巢老人"是社会的弱势群体，社会工作是社会工作者运用科学的方法、自己独特的积累经验或以团体小组、教育小组的形式帮助社会弱势群体和有困难的人群解决生活方面的困难，提高他们应对困难的能力，从而促进社会进步的事业和活动。人口老龄化问题已成为社会中迫切需要解决的问题，能否让老年人真正老有所养、老有所依、老有所乐、老有所学、老有所为是当前迫切需要重视以及需要解决的问题。

1. 社会工作者运用专业伦理价值理念和独特的社会经验解决老人社区养老问题

社会工作者运用专业知识指导其行为作为引导与规范助人活动的依据，将社会工作价值转化为实际行动以及对人的行为的指导和判断准则。对于"空巢老人"来说，现在的老人无论是在经济方面、精神方面、生活照料方面都需要帮助，这也是我们社会发展过程中的挑战之一。在这时，老人容易产生一种自卑感和无用感，觉得自己老了没用了，长期下来就容易使老年人存在心理障碍和精神压力，这时需要社会工作者用自身经验对个别老人的具体情况进行分析，这种关注是通过给予受助者有尊严的帮助，解决受助者资源缺失或精神压力、生活照料方面的困难，使老年人得到自我价值的实现,以及正确地看待这些问题,调节自身的压力,舒缓心情。

2. 社会工作者对"空巢老人"的照料和服务

社会工作者在老年人照料中运用经验及科学的知识成为照料"空巢老人"的直接或间接参与者,在照料"空巢老人"的过程中,对社会来说社会工作者通过运用自己的专业方法照料处在边缘的"空巢老人"群体,让"空巢老人"有尊严地分享曾经为之贡献过的社会资源,获得社会的公平相待,兑现社会对其成员不分年龄共享社会资源的承诺。对于家庭来说,社会工作填补家庭制度的不足,社会工作者通过参与老人照料,分担核心家庭的责任,使不在老人身边生活的家庭其他成员能更好地投入到自己的工作和生活,从某种意义上来说,稳定了家庭的关系,同时社会工作者帮助"空巢老人"寻求各种资源,帮助老人解决面临的各种困难和满足各种照料需求,减轻老年人的心理障碍、顾虑,真正实现老有所乐。

3. 社会工作者组织"空巢老人"自助、互助

老年人社区工作主要以社区中的老年人为工作对象,通过发动和组织区内居民参与集体活动,确定老年人在社区中的问题和需求,动员社区资源来预防和解决老年人问题,培养老年人的自助、互助、自决精神,让老年人有愉快的晚年生活并维护社区稳定。

首先,社会工作者把社区老人组织起来,组成各具功能的老人团体,以满足老人的各种需要。但是,与团体工作不同的是,社会工作的组织促进工作是动员社区中所有可能的资源形成相应的组织为老人提供照料和服务,社会工作者关

注的不只是一个团体，而是社区中所有能够形成组织为老人提供照料和服务的资源，社会工作者关注的是对该区资源的动员和分配，以及社区资源的建设和效益的最大化。

其次，在老年社区工作中，鼓励老人自助、互助能力，鼓励居民间守望相助，通过动员老人本身的参与来唤起老人的自为意识，使他们为自身权利的实现承担责任，增强社区老人的参与意识，主动解决社区老人自身的问题。

六、服务成效

服务基本达到预期目标。开展社会组织公益创投，引进专业社会组织，逐步构建了以社区为平台、以社会组织为载体、以社会工作人才为支撑的"三社联动"机制，让社会组织把项目服务带进社区，为居民提供必要的服务。在本案例中，社会工作者通过鼓励老年人参与健康知识，引导老年人开展文艺活动等，改善了"空巢老人"相对封闭的社会参与意识；通过有效地挖掘资源，链接社会资源，取得了街道在物质上和人员上的支持，取得了医院等社会志愿者的信任参与等，使社区活动有了物质上和人力上的保障；有效整合了社区干部、专业社会工作者、志愿者等各方面的力量，展现了一种全新的社会服务理念，"空巢老人"参与活动的热情很高，社会工作服务效果好，保证了此类社区活动的持续性和连续性。

19. "亲子同乐，缤纷六一"社区亲子服务活动

一、活动背景

随着社会经济的发展，人们生活节奏日益加快，父母忙于工作而忽略了孩子的需要，缺少时间陪伴孩子，平时孩子主要由家中老人照顾，父母与孩子的深入交流互动很少，因此导致亲子关系弱化。作为社会工作者，有责任和义务关爱居民身心健康，为居民提供相应服务，促进居民建立良好的亲子关系。因此，借"六一"儿童节的契机，致远社会工作服务中心联合幸福社区居委会开展"亲子同乐，缤纷六一"社区亲子服务活动，丰富儿童课余生活，增进亲子之间的情感交流，为孩子提供一个身心健康成长的平台，彼此分享、共度一个富有意义的节日。

二、活动主题

亲子同乐，缤纷六一。

三、活动目的与意义

1. 活动目的

通过开展一系列的"六一"儿童节活动，使孩子在亲子活动中感受到父母对自己的浓浓爱意，享受快乐，得到关

爱，度过一个幸福快乐的"六一"儿童节；让家长在活动过程中缓解工作压力，放松身心，增进对孩子的了解，最终增进家长与孩子的情感交流，使亲子关系得到加强。

2. 活动意义

（1）增进亲子双方平等参与意识。亲子活动不是上课，家长不能居高临下对孩子指手画脚，而应当是活动的平等参与者。

（2）增进亲子之间的联系和沟通。通过亲子互动，共同参加趣味游戏，促进孩子与家长之间的密切配合，增加彼此的感情，让家长享受与孩子一同活动的欢乐；同时，让家庭与家庭之间共同参加亲子活动，丰富他们的文化生活，加深家庭与家庭之间的了解，增进彼此的感情，一同享受活动的欢乐。

（3）活动给亲子双方创造不一样的"六一"文化氛围。在亲子活动中既让孩子体会到创造和成功的欢乐，又让家长体会到参与交流的幸福；还能让人感受到快乐与和谐的社区气氛，为创建平安社区、和谐社区添砖加瓦。

四、活动主办方

幸福社区居委会、致远社会工作服务中心。

五、活动对象

幸福社区居民（以亲子为单位）。

六、活动时间

2017 年 5 月 29 日下午（根据居民时间确定）。

七、活动地点

幸福社区居委会"儿童之家"活动室。

八、活动步骤

（一）活动前期准备阶段

（1）5月23日，完成活动计划书。

（2）5月24日，联系湖北文理学院社会工作协会，招募志愿者4人，协助社会工作者招募活动成员和开展活动。

（3）5月25~26日，在社区发放宣传单，在社区居民微信群发送活动消息，邀请居民参加活动，招募活动成员（10~16对亲子）。

（4）5月27日，购买活动物资，布置活动场地，挂好横幅。

（5）5月29日上午，打电话通知、提醒成员活动开展时间，统计能按时参加活动的成员人数。

（二）活动实施阶段

详细活动计划见表19-1。

表19-1 亲子服务活动安排

序号	时间	主题	目标	内容设计简介	活动物资
1	10分钟	活动签到	收集活动资料	志愿者引导居民进入活动场地，组织居民签到	笔、签到表

续表

序号	时间	主题	目标	内容设计简介	活动物资
2	10分钟	认识你我	社会工作者、居民互相认识,建立信任关系	1.社会工作者开场,介绍活动内容、目的等; 2.社会工作者、居民相互认识:自画像,自我介绍; 3.邀请居民加入社区微信群,互相交流	微信群二维码
3	30分钟	互动游戏	活跃活动氛围,增强亲子互动	大树与松鼠;盲行之风雨人生路;二人三足跑	
4	10分钟	暖心礼物	增进亲子感情	社会工作者教家长制作狗狗气球,活动中孩子帮家长打气球,一起完成制作,家长将气球作为礼物送给孩子	圆气球一包、打气筒若干
5	15分钟	分享时刻	获悉成员在活动中的感受,巩固亲子关系	1.按名次颁发小奖品,社会工作者引导每对亲子发表活动感言; 2.成员填写活动评估表; 3.社会工作者对活动进行总结	奖品(卡通铅笔、作业本)、笔、评估表
6	10分钟	快乐纪念	使亲子间的快乐得以留念和延伸	1.每对亲子单独合影; 2.集体合影	相机

注:活动现场主持社会工作者为致远社会工作服务中心王社工,3名志愿者维持活动秩序,1名志愿者拍摄活动照片。

(三) 活动游戏简介

1. 热身游戏:大树与松鼠

活动目的:打破僵局、活跃气氛。

时间:5~10分钟。

活动程序：

（1）事先分组，三人一组。二人扮大树，面对对方，伸出双手搭成一个圆圈；一人扮松鼠，并站在圆圈中间。

（2）社会工作者喊"松鼠"，大树不动，扮演"松鼠"的人就必须离开原来的大树，重新选择其他的大树；落单的人应表演节目。

（3）社会工作者喊"大树"，松鼠不动，扮演"大树"的人就必须离开原先的同伴重新组合成一对大树，并圈住松鼠，落单的人应表演节目。

（4）社会工作者喊"地震"，扮演大树和松鼠的人全部打散并重新组合，扮演大树的人也可扮演松鼠，松鼠也可扮演大树，落单的人表演节目。

2. 沟通游戏：盲行之风雨人生路

活动目的：增进亲子之间的感情，父母与子女互换角色，体验彼此换位后的感觉，通过角色互换增进彼此之间的了解。

所需材料包括绳子、木头、瓶子等障碍若干。

活动步骤如下：

（1）工作人员先在场地上用绳子布置障碍。

（2）以家庭为单位组队，一对亲子一组（由父母与子女中各挑选任意一人参加）。

（3）多组同时参加（根据现场道具决定上场的组数）。

（4）首先用黑布将子女的眼睛蒙上，开始时父母牵着子女的手从场地的起始点开始往终点行进，其间父母要带领子女在自己的话语的指导下绕过各种障碍到达终点，然后父母返回起始点并用话语指导子女如何绕过障碍物从终点走回起始点。

（5）父母子女角色互换，让父母蒙上黑布，由子女牵引父母行进，重复以上步骤，直到最后一组成员回到起始点，活动结束。

（6）各组成员分享自己的活动感受。

（7）分享结束，让子女拥抱父母，并对他们说我爱你或感想。

（8）社会工作者：有时候亲人之间并不缺少爱，缺少的可能只是一种沟通，在活动中父母与子女通过彼此的互换角色从而站在对方的角度上思考问题，子女更加深刻地体会到家长的艰辛与不易，使他们懂得珍惜那份爱，父母也可从中体会到多花些时间与子女沟通、多了解子女的感受或许比一味地给予更重要。

备注：组织者提供分享的方向。

A　父母为领路人

1. 被领路者

（1）当父母带着你一起穿越障碍的时候有什么感觉？（感觉到安全感了吗，还是自己长大了不需要父母的跟从了？）

（2）当只有你一个人走的时候的感觉跟父母在一起走的感觉有什么区别吗？（可联系到生活中，当父母不在你身边而需要你自己来克服困难的时候，你会有什么心情呢？）

2. 领路人

作为家长，当看着自己的子女一个人穿越障碍时是什么样的心情呢？（焦急但只能间接地帮助他们，该放手让他们自己独立成长，还是继续给予子女无限的关怀，孩子将来的路还是得靠他们自己来走。）

B　孩子为领路人

1. 被领路者

被孩子引导穿越障碍，你的感觉？（放心还是忐忑？是否觉得孩子长大或者将要长大了呢？他们也都有独立自主的能力了吗？他们的指导语让你放心吗？作为父母有时候是不是也该听取一下孩子的意见呢？）

2. 领路者

由你来引导父母穿越障碍，有什么感触？[（1）父母带着自己走过这么多年的人生历程充满了坎坷很不容易。（2）明白父母的艰辛，学会感激和体谅他们。]

3. 互动游戏：二人三足跑

活动目的：体验与家人共进退解决问题，加强亲子互动和沟通。

活动程序：家长与孩子并排站在起跑线后，两人内侧的两只腿要用绳绑住，裁判发令后必须绕过指定的标志物才能返回。以先跑完的队为胜。

材料：绳子、若干障碍物（具体依场地情况定）。

分享要点：

（1）刚才在游戏的过程中，哪个家庭遇到了问题？是什么问题？怎么解决的？从中学到了什么？

（2）哪个家庭对自己的表现很满意，有什么经验体会可以与大家分享？

（3）大家一起总结如何才能做得又快又好。

（四）活动评估阶段

这一阶段，请参与活动的亲子填写活动评估表。

"亲子同乐，缤纷六一"社区亲子活动评估表

亲爱的居民：

感谢您参加本小组活动，这是关于本活动的活动评估表，请您根据自己对本活动的体验和感受在各认同程度评分中选择一项打分，其中5分为最高分，1分为最低分。

感谢您对致远社会工作服务中心的支持，祝您生活愉快！

致远社会工作服务中心
年　月　日

序号	评分项目	具体得分
1	在活动中，您感到放松和快乐了吗？ 非常快乐5分　→　很不快乐1分	
2	在活动中，您感受到对方的爱了吗？ 感受深刻5分　→　没有感觉1分	
3	您觉得本活动是否能促进亲子感情？ 非常能5分　→　一点也不能1分	
4	您对社会工作者提供的服务整体评价如何？ 非常满意5分　→　很不满意1分	
5	您的收获和建议：	

20. "青春护航、助力成长" 社区青少年活动

一、活动目的

为了进一步加强未成年人的思想道德建设,关心青少年儿童健康成长,健全青少年学生的个性品质培养,注重教育与实践生活、学生节假日教育与娱乐活动相结合原则。根据青少年儿童的生理、心理特点,遵循校外教育规律,坚持普及与提高相结合的原则,通过生动活泼、健康有益的教育教学活动,贯彻爱国主义教育主线,落实未成年人思想道德建设,对青少年儿童进行科学、艺术、安全、体育等专业知识教育、技能技巧的培养,发展其兴趣、爱好和特长,扩展知识,陶冶情操,开发智力,增长才干,促进其成长成才。

二、活动对象

幸福社区 6~14 岁学生。

三、活动内容

(1) 对口援助;
(2) 四点半课堂;
(3) 寒暑假活动;
(4) 文明小使者评比;

（5）元宵节联谊活动；

（6）暑假老少联谊会；

（7）"六一"儿童节活动。

四、活动详细工作安排

1. 对口援助

为践行国家精准扶贫的大政方针，社区链接资源，努力做好对口援助工程。首先社区向辖区青少年宣传被援助地区的详细情况，力求做到图文并茂，让青少年对当地情况有一个深入的了解，重点介绍当地青少年的生活和学习状况，激发青少年的爱心。同龄人之间的交流是最重要的步骤，在活动开展初期，社区可为双方青少年提供信件往来的服务，形成一条没有成人介入的信息交流渠道，当活动处于白热化状态时，社区可在适当机会让两地青少年亲密接触，让慈善项目做到有始有终，并更好地延续下去。同时活动绝对不强制社区青少年捐款捐物，避免在培养慈善心的同时助长攀比风气，活动只需辖区有条件的青少年将自己看过的图书等物品捐献给援助地区的同龄青少年，并完全采取自愿形式，不让援助项目的开展造成青少年的负担。

（1）援助之手：社区工作人员安排青少年将自己已经不用的书本捐献给山区同学，实现资源的共享，让远在偏僻山区中的同龄人享受同步的课外教育。

（2）设身处地：在条件成熟时，社区安排部分辖区青少年到襄阳市保康县歇马镇红光村与他们的援助对象进行实地交流，让他们对贫困山区的同龄人生活感同身受，潜移默化中推进双方青少年的交流。

2. 四点半课堂

四点半课堂开展的主要目的是让双职工家庭的学生在放学之后可以来到社区进行学习或一些课外活动，解决青少年独自在家的安全问题，由于家长的回家时间不能统一，四点半课堂会因人而异，看护到最后一个孩子确定家中有人，课堂才会结束。青少年在学校最主要的事情是完成课后作业，当作业量比较少时，课堂会开展一些课外活动，帮助同学们度过回家前的一段时间。

社区开办课堂之前，通过对学生兴趣爱好的调查，有针对性地开办了多项活动。作为四点半课堂，课业辅导是服务的主要项目，由大学生志愿者担任辅导老师，辅导孩子们写作业、复习、预习，养成良好的学习习惯。社区的图书室拥有以科普内容为主的图书1000余册，课余时间学校会组织孩子们开展读书活动，让孩子们畅游知识的海洋，增长课外知识。为了让同学们理论联系实际，社区还辅以手工制作为主的科普活动与读书活动相结合，如手工制作绢花、四驱车、航天模型等，手工制作材料会不断更新补充，以确保学生的制作激情。对于喜欢学习课外语言的学生，社区工作者可根据学生要求进行部分除英语外的初级语言教学。闲暇之余，社区利用多媒体设备播放学生喜爱的电影、科教片，或根据自身爱好录制自己的唱片，陶冶孩子的艺术情操。课堂课余时间较充足时，课堂会组织学生参加社会公益活动，让青少年在活动中感受公益活动的魅力，用实际行动提高青少年参与公益活动的积极性。

3. 寒假活动

（1）棋类活动：社区可以提供围棋、象棋、五子棋、跳棋等各种棋类的活动。

（2）电影精选：首先社区会请青少年写出最想观看的电影，根据青少年的要求甄选出有条件放映的影片，可以让青少年不出社区就欣赏到时下流行的影片，减少青少年在电影院的高昂花费。

（3）K歌之王：社区拥有多媒体设施，可供青少年举行歌唱比赛，没有题材限制，让青少年尽情发挥自己的歌唱才华，社区负责组织K歌大赛并评选出社区的K歌之王"金嗓子"。

（4）假期安全知识讲座：青少年寒暑假是难得的休闲时光，同时也是青少年危险事故高发期，作为社区的服务单位，有义务向社区青少年宣传法律知识，使青少年在寒暑假远离危险，掌握一定的防范知识。

（5）另类知识：在学生的心目中，书本是一切知识获得的媒介，但是在受到学校言传身教的同时，一些知识也会被误读，造成一些错误信息和认知达到众所周知的地步，社区通过网络和自身经历，将那些被误传多年的"常识"一一解剖，还原真实的世界。

4. 暑假活动

（1）体育活动：社区会根据集结报名的青少年组织适当的体育活动，夏天虽然天气炎热，但是户外活动一样必不可少，社区会根据青少年情况协调安排体育项目，并积极争取当地开展运动服务单位的配合，保证每一位青少年都获得适当的体育锻炼。

（2）高校咨询：社区很多青少年都是在校学生，不久的将来会面临高考的重要抉择，社区会为学生提供查阅高等学府信息的帮助,若青少年有需要,可以将需要查询的高等学府告知社区,由社区工作人员代替查询,免去学生占用休息日到高校咨询之累。

(3) 风景区参观:社区在组织青少年参观前会询问青少年曾经的参观情况,避免重复参观浪费宝贵时间,不仅如此,社区也会提供一些比较冷门的景区供青少年挑选,目的地完全由青少年决定。

(4) 环境保护宣传讲座:社区有义务向青少年宣传最新的环保政策和介绍当前的全球化环境污染形势,培养青少年的环境保护意识。

5. 元宵节联谊活动

新春佳节之际,作为老龄化严重的幸福社区,孤寡空巢老人不在少数,社区组织辖区内青少年自己动手制作汤圆,送到那些"空巢老人"家中,让社区的关怀通过青少年的双手传递到老人手中,温暖老人孤独寂寞的心,让其他家庭合家团圆的场景也在那些孤寡老人的家中出现。

6. 暑假老少联谊会

社区利用暑假这样的黄金时间,组织辖区青少年集体慰问社区内的老人,为他们带去社区大家庭的温暖,同元宵节一样,这次活动的主角同样是社区青少年。社区提供场所,组织青少年编排一些节目,展示给辖区内的老人观看,排解老人的寂寞。不仅如此,社区青少年还会登门拜访社区老人,并带去蛋糕、水果等慰问品,同老人说话聊天、排解寂寞。

7. 文明小使者评选

2017年年末,社区举办了文明小使者评选活动,活动旨在评选出社区青少年活动的积极参与者,参与者的提名与最终评定，根据每一位青少年的活动参与率、活动支持率来最终决定。不仅如此，那些在年度中做过感动社区事情的青少年同样会受到表彰。

活动通过公开每一位青少年的活动记录，确保评选的公正与公平，并向最终获奖者颁发奖状和奖品，以示感谢和鼓励。奖项共评选出一等小使者一人，二等小使者二人，三等小使者四人。

8. "六一"儿童节活动

"六一"儿童节是少年儿童的重要节日，社区结合实际开展适合少儿的活动，由于一部分孩子已经进行幼儿园教育，所以社区"六一"儿童节活动的主要对象是那些年龄在3岁以下还没有进入幼儿园的幼童，社区组织宝宝们进行爬行比赛，并聘请影楼的专业摄影师为宝宝们拍摄艺术照，让宝宝们在儿童节得到社区的祝福。

五、活动实施过程掠影

1. 悦读青春　心润书香

志愿者和社会工作者组织大家有序地分组到书柜前自由选择自己喜欢的书籍，各种各样的图书让孩子们目不暇接，拿起这本又想要那本。最后，每个孩子都拿到了自己最想看的书籍回到座位上。孩子们都非常认真地看书，畅游在阅读空间里，享受阅读的乐趣，还用自己的笔记本记录下喜欢的句子。大家相互之间也会介绍书中内容和读后的心得体会，青少年们你一言我一语讨论得不亦乐乎。

2. 快乐四点半

"快乐四点半"项目委托给致远社会工作服务中心开展，

担任孩子的"临时家长""知心哥哥姐姐",通过学业辅导、心理调适、人际交往、亲子关系、朋辈互助辅导等进一步助推社区青少年快乐学习、生活、成长。

3. 创意彩泥　放飞梦想

为锻炼社区青少年的动手、协调能力,展示青少年的创意梦想,幸福社区开展了"创意彩泥 放飞梦想"手工DIY制作活动,40名社区青少年参加了活动。活动中,彩泥老师首先简单介绍彩泥的特点,并对孩子们感兴趣的制作过程进行演示,彩泥鲜艳的色彩与可塑性深深地吸引着孩子们。随后,孩子们展开了丰富的想象力,用灵巧的双手,运用揉、捏、搓、压等技巧,精心搭配颜色,专注地塑造出一件件色彩鲜艳、形象生动、富有创意的作品。活动让社区青少年充分体验到彩泥制作的快乐,激发了青少年的创造热情,使得青少年的动手能力和想象力得到充分锻炼和表现,让青少年们在快乐中成长。

4. 关注安全　快乐成长

为了保障学生们过上一个平安、快乐、文明的寒假和春节,幸福社区开展了"关注安全 快乐成长"安全知识讲座。社区志愿者从居家、交通出行、燃放烟花爆竹等方面向社区青少年讲解安全知识,让他们了解在火灾发生时,如何迅速报警、自救逃生的方法等。此次安全讲座,体现了社区对儿童的多方面爱护和关心,提高了孩子们的安全防范意识和应对突发事件的处理能力。社会工作者邀请志愿者向孩子们发放消防安全知识资料,并进行消防知识问答,增强孩子们的安全意识,培养他们检查消除火灾隐患的能力、扑救初起火灾的能力、疏散逃生的能力、消防宣传教育培训的能力。此外，幸福社区还组织孩子们上门发放《致全镇居民的一封信》，宣传消防安全知识。

5. 快乐寒假　助力成长

幸福社区开展了以"快乐寒假　助力成长"为主题的社区青少年活动。活动中，社区志愿者为孩子们详细讲解如何运用气球制作小狗，引导他们按照自己的想法给气球做不同的造型。经过孩子们的努力，异彩缤纷的气球作品慢慢摆满了桌子。活动不仅给小朋友的寒假生活增添了一道靓丽的色彩，还培养了孩子的动手能力和创作能力，给辖区内的少年儿童搭建了一个寓教于乐的平台，提供了一个交流互动的机会，使社区和小朋友的关系更加亲密。

6. 音乐小屋　乐趣无穷

社会工作者邀请社区几位音乐爱好者为大家演奏《让我们荡起双桨》和《马兰花开》等曲目，激发孩子们学习音乐知识的兴趣。活动中，老师针对孩子们的特点，深入浅出、生动有趣地为孩子们讲解音乐基础知识，还带领孩子们学习尤克里里基本指法。孩子们都非常认真地学习，活动也受到家长们的欢迎和好评。一位家长说："活动不仅增加了孩子们的课外知识，也激发了他们的音乐乐趣。"

7. 手工蛋糕 DIY 连你我

活动当天，蛋糕店的制作老师与社区青少年、外来务工人员子女一起体验亲手制作蛋糕，感受劳动带来的快乐。

活动中，社区青少年和外来务工人员子女不仅能近距离观看蛋糕生产过程，而且在专业老师的指导下，他们每一个人轮流上去亲手制作蛋糕，在专业蛋糕师的指导和家长的帮助下，有模有样地动手筛面粉、打发蛋清，每一个步骤每一个细节都用心去做，学得很是起劲，全方位了解烘焙过程。最后，大家一起品尝蛋糕，分享劳动果实。"每年暑假都是去重庆奶奶家，除了写作业没什么其他事做。"上四年级的小肖第一次参加社区活动，感觉非常新鲜有趣，"今天我给蛋糕挤了奶油，装饰上了草莓，还认识了好多小朋友，参加社区活动的感觉真好。"家长和孩子们一样兴奋，脸上带着一种满足感和成就感，掩饰不住开心的笑容。

六、活动经验与体会

（1）不单做需求回应者，注重需求全面挖掘。

幸福社区服务中心青少年服务之所以能够顺利开展，关键是抓住和发掘青少年需求点，在回应需求的同时，立足专业，注重挖掘青少年"身、心、社、灵"各方面的需要。幸福社区"四点半课堂"致力于为社区青少年打造"快乐一小时"时光。在这样一个安全、自由的平台上，社会工作者坚持"每个孩子都有自己的潜能，每个孩子都是独特的个体"的理念，不仅仅对孩子进行课业辅导、兴趣培养，更关注每个孩子全面发展，在服务的过程中关注每个孩子的成长，引导孩子们培养好习惯，关注传统文化。

（2）主动寻找公益资源，拓展社区青少年服务——公益音乐小屋。

在进入社区初始阶段，同行社会工作者主动宣传自己的理念价值与服务，主动与社区各方公益资源建立链接。随着同行社会工作者与湖北文理学院音乐学院师生的合作意愿的达成，幸福社区公益音乐小屋正式开课。课堂上，社会工作者通过陪伴让青少年在音乐中释放自己，自由享受音乐带来的快乐；鼓励青少年在音乐中勇敢表达自己，找回自信，引导青少年在音乐的小团体中感受团队的力量。通过音乐，社会工作者引导青少年增加对自我和团队的认识，促进青少年成长。

（3）保证已有青少年服务的质量，用社会工作者专业理念打造社区青少年服务口碑。

随着"四点半课堂"的建立和音乐公益课堂的开展，社会工作者的专业价值理念和服务内容得到越来越多家长和青少年的认可，部分青少年行为的改变让家长们感到欣喜，家长们开始带着好奇与热情主动了解社会工作者这一工作，青少年开始主动向自己的伙伴推荐社区青少年服务，更多的青少年开始寻求青少年服务。

（4）围绕服务青少年服务工作铺展开来，推动社区其他服务工作开展。

社区青少年服务做到位后，社会工作者与青少年和家长建立起稳定的资源支持系统，社区居委会和服务对象主动为社会工作者发声，宣传社会工作。随之而来的，多方合作资源上门寻求合作，在丰富青少年服务的同时，也为其他服务工作的开展提供了资源。

主要参考文献

主要参考文献

[1] 王思斌. 社会工作概论 [M]. 北京：高等教育出版社, 2014.

[2] 吕新萍, 等. 小组工作 [M]. 北京：中国人民大学出版社, 2013.

[3] 刘梦. 小组工作 [M]. 北京：高等教育出版社, 2013.

[4] 夏建中. 社区工作 [M]. 北京：中国人民大学出版社, 2015.

[5] 陆士桢, 等. 中国青少年社会工作实务案例精选 [M]. 上海：华东理工大学出版社, 2014.

[6] 吕芳. 农村留守妇女社会支持网络构成研究——基于16省66县2414名留守妇女的调查 [J]. 妇女研究丛论, 2012（9）.

[7] 陈琦, 何静. 农村留守妇女社会支持研究综述——兼论社会工作的介入策略 [J]. 妇女研究丛论, 2015（2）.